# LUKU 1

- Pyydämme apuasi, sillä Kosminen Paha yrittää valloittaa koko Maapallon. Voit olla meihin yhteydessä heilurin tai varvun avulla.

Nuo järisyttävän voimalliset mutta ystävälliset sanat painuivat mieleeni tuona valoisana kesäkuun alun iltana, jolloin olin jo mennyt sänkyyni tavanomaiseen tapaani odottelemaan nukkumatin saapumista. Unen Herran sijaan huoneeseeni laskeutui kuin tyhjästä tummanpuhuva, maantien värinen ja noin metrin pituinen olento, joka esitti minulle nöyrimmän avunpyyntönsä ja lähti sen jälkeen näkymätöntä tunnelia myöten takaisin jonnekin. Kuka hän oli, mistä tuo ihmeellinen olento tuli ja miksi hän pyysi apua juuri minulta? Ja millä voisin olla yhteydessä? Heilurilla? Varvulla? Tiesin kyseiset alkeelliset kapistukset ainoastaan nimeltä ja että heilurilla ennustettiin mummon ja isomummon aikoihin tulevan lapsen sukupuolta. Varvulla puolestaan etsittiin vesisuonia maasta, mutta että oikein yhteydenpitoa niiden välityksellä. Niin, järkeni ilmoitti pian kuvitelleeni koko kohtaamisen ja laitoin huoletta kokemukseni vilkkaan mielikuvitukseni tuotteeksi ja sitä myöten aivotiedostojen roskakoriin hävitettäväksi. Se näytti kelpaavan Herra Unelle ja nukahdin suloiseen uneen tietämättä, että joku ei tyhjentänytkään sinä yönä aivojeni jäteastiaa olennon kohtaamisen osalta.

Aikaa kului tasan kuusi kuukautta, kunnes näkymätön käsi poimi tiedoston roskakorista ja toi sen jälleen mieleeni. Mitä tuo olento tarkoitti Kosmisella Pahalla ja miten minä muka voisin siinä auttaa? Marraskuun hämäryys kai veti puoleensa ja sai ajattelemaan Pahaa, Pimeyttä. Yritin kaikin voimin viimeistellä lopputyötäni, mutta se ei millään tuntunut etenevän niin kuin sen olisi pitänyt. Olin valmistumassa sairaanhoitajaksi ja olin jo pitempään ollut kiinnostunut luonnonmukaisesta lääkinnästä, josta itsekin olin saanut apua vaivoihini. Tutkimustulosten ristipaineessa yritin vakuuttaa opettajani vaihtoehtoisten hoitojen pätevyydestä mutta turhaan. Kirjoitelmani sylkäistiin kerta toisensa jälkeen bumerangina takaisin, koska sitä ei voinut hyväksyä. Ei vaikka näyttöä olisi. Ei vaikka kiveen tai taivasten kirjoihin niin olisi kirjoitettu. Silloin käsitin, että tosiaan tätäkin maata ja koko Maapalloa vaivaa jokin, jos edes hyvän asian puolesta ei voi kirjoittaa eikä ihmisiä saa auttaa, olipa se keino yleisesti käytetty tai ei.

Elämässäni oli aiemminkin tapahtunut useita mielenkiintoisia sattumia ja niin kävi jälleen. Sähköpostiini ilmestyi suorastaan kutkuttava kutsu kesken turhauttavan kirjoitusprosessin. Viestissä kerrottiin paikkakunnalle saapuvasta varputaidon gurusta, joka lupasi opettaa varvun käytön eräässä tapahtumassa, joka järjestettäisiin joenrannassa jo seuraavana viikonloppuna. Asuin luonnonkauniissa kaupungissa, jossa lukuisat vaarat ja kaksi jokea hallitsivat paikallisten ihmisten arkea ja juhlaa niin kesällä mutta varsinkin talvella. Asuin maailman vanhimman punanutun kanssa samassa kaupungissa, eikä lähestyvä joulu olisi ollut yhtään hyvä tekosyy välttää tällaista pakanalliseksikin kutsuttua tapahtumaa. Olin kyllä saanut kristillisen kasvatuksen, kuten suurin osa suomalaisista, mutta perheessämme ei uskontoa milloinkaan korostettu liikaa. Ihan hyvä niin, sillä en ollut koskaan ymmärtänyt uskonnollista ääriajattelua,

7

joka perustui painetun sanan kirjaimelliseen noudattamiseen tai tulkitsemiseen vailla järjen ja sydämen kuuntelua. Ihminenhän voi itse valita, sanooko mukavan vai ilkeän sanan, keittääkö myrkkyä vaiko herkullista ja terveellistä lientä.

Maailmassa kuitenkin tuntui nyt olevan enemmän niitä ilkeitä sanoja, saastuneita maisemia, yksinäisiä ihmisiä, sairautta, taloudellista epätasa-arvoa ja paljon muuta, joka ei totta vieköön tuntunut mitenkään oikealta eikä mukavalta. Tämä vastakkainasettelu Hyvän ja Pahan välillä sekä olennon mainitsema Kosmisen Pahan ylivalta alkoivat kiinnostaa nyt ihan tosissaan ja varputaidon opettelu veti suunnattomalla voimalla puoleensa aivan kuten magneetin vastakkaiset navat tekevät toisilleen. En ollut ikinä osannut pelätä mitään, koska opin jo lapsena, että hyvän sydämen ei tarvitse pelätä, sillä häntä suojellaan aina. Hyvä sydän on rehellinen itselleen ja muille, tahtoo vilpittömästi auttaa sekä etsii kurinalaisesti totuutta itse. Tämä ohjenuora mielessäni päätin osallistua tapahtumaan. Jospa sitten saisin varvun avulla myös opettajaan oikeanlaisen yhteyden aikaiseksi.

Seuraavana lauantaiaamuna kaikki oli hukassa: avaimet, muistiinpanovälineet ja rauhallinen mieli. Vilkuilin kelloa, sillä pian piti olla jo juoksujalkaa menossa kohti joenrantaa ja vuosikymmeniä vanhaa rakennusta. Sain kuin sainkin juuri ajoissa kerättyä kaiken tarpeellisen käytännöllisen kokoiseen käsilaukkuuni ja suuntasin ulos. Pikkupakkasessa astelin päättäväisin askelin kohti tapahtumapaikkaa.

Taivaallinen morsiushuntu oli yön aikana leijaillut maiseman ylle ja se sai mieleni iloiseksi ja virkeäksi. Lumenvalkeaa tumma tienoo ja sen asukkaat olivatkin jo kipeästi kaivanneet. Meillä päin talvella oli aina ollut lunta, mutta sekään ei ollut viime vuosina enää niin itsestään selvää - ei edes jouluna. Usein kävi sääliksi heitä, jotka matkustivat pitkän matkan päästäkseen mielikuvien valkoiseen joulumaahan, jollaista todellisuudessa oli saatavilla yhä harvemmin ja harvemmin. Maapallo oli tullut aina vain lämpimämmäksi vuosi vuodelta ja ihmisten aiheuttamia kasvihuonepäästöjä pidettiin suurimpana syyllisenä siihen. Varttia myöhemmin kopistelin hennot lumet kengistäni jylhän rakennuksen etuovella ja astelin sisälle aistien tiheän tunnelman, joka vallitsi varsin perinteisesti sisustetussa kokoustilassa. Pöytiä ja tuoleja sekä suuren huoneen etuosassa alue puhumaan saapuneelle varputaidon gurulle. Takaosassa oli ilmeisesti meille kaikille tarkoitettuja metallisia, käsintehtyjä varpuja, joiden käyttöä olimme isolla joukolla tulleet opettelemaan.

Meitä kouluttamaan tullut kuuluisa opettaja oli keski-ikäinen nainen, jolla oli vaaleat kiharat hiukset ja tiukka katse. Myöhemmin oivalsin katseen syntyneen tietoisuudesta. Hän pukeutui kuin ratsastaja yllään sammaleenvihreä jakkutakki ja ruudulliset ihonmyötäiset trikoot. Jalassaan hänellä oli saappaat, joiden kultaiset soljet kimaltelivat pakkaspäivän Auringon osuessa niihin.

- Hyvää huomenta kaikille, nimeni on Kanerva. Olen Suomen kokenein luonnontutkija, mitä niiden salaisuuksiin tulee. Tänään käymme läpi voimia, joita luonnossa esiintyy ja opettelemme poistamaan kirouksia. Päivän päätteeksi saatte kurssiltamme omat varvut, joiden käyttöä opettelemme ensin täällä, minkä jälkeen voitte jatkaa harjoittelua itsenäisesti.

Opettajan karisma oli valtava. Olin varma, että saisin tästä päivästä paljonkin irti, ja vierustoverinikin nyökkäsi kuin vahvistaakseen omat ajatukseni. Sekin oli täysin varmaa, että tulipa eteen mitä tahansa, aioin pysyä vain omassa suunnitelmassani selvittää Kosmisen Pahan arvoitusta. Näin olin aina toivonut, että muutkin tekisivät: kuuntelisivat kriittisesti ja jos jokin tuntuu omalta, niin hyväksyy sellaisen tiedon. Myös harjoituksia voisi tehdä omalla tyylillään, joskin jostain on jokaisen alkemistinkin aloitettava. Ja pääperiaate: totuuden etsiminen ja muiden auttaminen. Ei voinut mennä pieleen.

Ensimmäinen koulutuspäivä vierähti nopeasti makoisine lounaineen ja yhteystietojen vaihtamisineen kurssitovereiden kanssa. Loppupäivästä vuorossa oli paljon odotettu varputaidon opettelu.

- Tämä taito kehittyy ajan kanssa, harjoittelemalla, opettaja kertoi.

Kanerva näytti, kuinka pidellä käsissä kuparista varpua ja kysyä siltä erilaisia kysymyksiä. Suorastaan maagiselta vaikuttava varpu taipui maata kohti aina kyllä-vastauksen kohdalla ja pysyi hievahtamatta paikallaan, kun vastaus oli "ei". Ihmettelimme suuresti, kuinka sellainen oli mahdollista.

- Luonnossa ja muuallakin ympärillämme toimii jatkuvasti näkymättömiä voimia, joihin voimme saada yhteyden varvun avulla. Mutta muistakaa, että aina on olemassa myös pimeä, joka voisi sotkea luotettavan viestin saamisen. Siksi on ehdottoman tärkeää suojautua.

Opettaja kääntyi minua kohti ja katseli hetken tiiviisti silmiini. Hieman jopa säikähdin hänen voimakkuuttaan. Siinä ne nyt tulivat, kaksi sanaa "paha" ja "suojautuminen" . Jälkimmäistä pidin lähinnä höpönä ajatuksena, jos kerran tarkoitusperät ovat hyvät ja puhtaat. Kokeilimme kaikki varpujemme toimivuutta huoneen poikki kulkeneen maasäteilylinjan kohdalla. Toiset saivat heti kerralla varvun taipumaan, toiset joutuivat pettymään. Minunkaan varpuni ei toiminut siinä paikassa, heidän kaikkien läsnäollessa.

Kotiin päästyäni en voinut olla kokeilematta varpuani uudelleen. Täytyihän sen toimia, jos minun olisi tarkoitus sillä saada jokin yhteys! Kokeilin ja uudestaan kokeilin, kunnes kymmenennen toiston kohdalla varvun pää nytkähti selkeästi alaspäin. Mikä helpotus, se toimi sittenkin! Uteliaisuus ja ristiriidat opiskelupaikkani opettajan kanssa johtivat minut testaamaan varvun avulla, oliko koulullamme kenties jonkinlaisia henkisiä rasitteita, kuten kirouksia tai muita sen kaltaisia, jotka saattaisivat vaikeuttaa harmonista kanssakäymistä ja työntekoa. Varpu vastasi "kyllä".

- Kuinka paha kirous on ollut?, kysyin edelleen varvulta ja aloin laskea.

Lopulta luvun 50 kohdalla varpu jälleen nytkähti. Tämä tarkoitti muistiinpanojeni mukaan erittäin suurta kirousta, jopa maakirousta. Tämän jälkeen käskylläni hävitin sen ja tarkistin varvulla uudelleen, että kirous oli poistunut ja kyllä, varpu lepäsi aivan paikallaan, vaikka kuinka yritin avittaa sitä kääntymään alaspäin. Olin iloinen, kun olin voinut poistaa koko koulua koskevan ongelman vain ja ainoastaan yhdellä käskyllä, joskaan minkäänlaista fyysistä todistetta asiasta minulla ei tietenkään ollut. Päätin lopettaa varpuhommat siltä päivältä ja käydä nukkumaan, sillä seuraavana päivänä koulutus jatkuisi.

Yöllä heräsin yllättäen tunteeseen, että joku oli huoneistossa. Asuin yksin, joten ei siellä ketään ainakaan pitänyt olla. Joku selkeästi kuitenkin oli keittiössä. Nousin varovasti sängystä ja kurkistin makuuhuoneen ovensuulta. Täysin mustiin pukeutunut mieshahmo luki edellisenä päivänä kirjoittamiani kirouksen poistamisohjeita ja -käskyjä, mutta selvästikään ei ymmärtänyt ohjeista sanaakaan, kun hän pudisteli ja raapi päätään käsittämättömyyden merkiksi. Miehellä oli tummat ja epäsiistit hiukset, enkä ollut koskaan nähnyt sen kaltaista olentoa kuin ehkä joissain kirjoissa. Vampyyrin oloinen mies huomasi minut ovenraossa ja samassa tämän silmät leimahtivat tummanpunaiseksi. Kulmahampaat välkkyen tämä hyökkäsi minua kohti.

- Sinä, SINÄ olet täällä lukenut noita käskyjä!, hän uhosi.

Useita kertoja mies yritti iskeä hampaansa kaulaani, mutta ympärilläni olikin näkymätön kupu, jonka läpi mies ei päässyt koskemaan minuun lainkaan. Rukoilin Luojaa, että auttaisi minut tuollaisen hirviön kynsistä pois. Ensimmäistä kertaa elämässäni pelkäsin todella. Lopulta tuo mies luovutti ja sanoi

14

- En mahda sinulle mitään. En pysty tekemään sinulle mitään.

Sen jälkeen hän lähti asunnosta.


Toisena koulutuspäivänä kerroin Kanervalle, mitä olin kokenut edellisenä yönä.

- Linnea, miten mielenkiintoista, Kanerva kuiskasi minulle matalalla äänellä ja vinkkasi minut sivummalle.

Hän otti oman varpunsa esille ja katsoi minulle. Pian hän kuitenkin todella vakavoitui ja sanoi

- Olet tavannut todellisen hirviön, itse Pirun.

Pian sain kertoa koko luentoseurueelle öisestä kohtaamisesta vampyyrin näköisen miehen kanssa. Raikuvien aplodien saattelemana istahdin takaisin paikoilleni.

- Miten sinä sen teit?, vieressä istunut nainen kysyi minulta ja oli selkeästi itsekin halukas kokeilemaan.

- En tiedä. En todellakaan tiedä., vastasin edelleen puoliksi järkyttyneenä ja puoliksi hämmentyneenä asiasta.

Samassa Kanerva huudahti

- Katsokaa, joutsenia!

Kokoushuoneen ikkunasta näkyi viereiselle joelle, jonka yllä liiteli alkutalven viimeinen laulujoutsenpari matkalla kohti etelää. Joutsenet olivat olleet koko ikäni tärkeitä eläimiä minulle ja nyt jos koskaan tuntui, että ne todella tahtoivat kertoa jotain. Ne olivat merkkejä keväästä ja talvesta. Kevättalvella ne tulivat kanssamme juhlimaan valon aikaa ja missä vain joutsenen laulu kuului, tiesi pimeyden olevan poissa. Joutsenet lähtivät syksyisin vasta, kun joet jäätyivät ja ensilumi oli satanut. Ne eivät siis jättäneet meitä ennen kuin olimme saaneet valoa lumen muodossa. Kun joutsen jättää fyysisen kehonsa, se laulaa viimeisen tervehdyksensä hyvästiksi. Koska joutsenet olivat Valon Lintuja, jotenkin tiesin niiden lähtevän kuolemansa jälkeen takaisin Luojan luokse. Valosta kertoo myös niiden puhtaan valkoinen väri. Noiden joutsenien näkeminen siinä paikassa ja siinä hetkessä toi minulle uskoa ja toivoa. Edellisöinen kohtaaminen oli selvästikin itse Kosmisen Pahan testi minulle, siitä olin nyt täysin varma. Oli mahtavaa tajuta, että se ei pystynyt tekemään minulle mitään, mutta itse kuitenkin pystyin poistamaan sen kirouksia. Meinasin pökertyä ajatuksesta.

LUKU 2

Luentoviikonlopun jälkeen pidimme muutamana päivänä yhteyttä kurssitovereiden kanssa, mutta mitään sen suurempaa liittoutumista tai lahkoa siitä ei kehkeytynyt, ja hyvä niin. Päätimme kukin tahollamme opetella varpuasioita siten kuin se itsestä tuntui parhaimmalta. Viikon loppupuolella sen sijaan pyysin vanhan koulututtuni Petrin käymään luonani, koska hänkin oli hieman samantyylinen kuin minä eli höyrähtänyt filosofisiin ja henkisiin kysymyksiin. Lunta oli tullut myrskyämällä jo monta päivää ja aurauskalusto oli saatu taas kunnolla käyttöön. Kotini sijaitsi vilkkaan tien varrella pääkirkon viereisessä kerrostalossa, jossa asui minun lisäkseni lähinnä mummoja ja pappoja, joiden tehtävänä oli olla eläkkeellä ja seurata, mitä talossa tapahtuu. Kaksiossani vallitsi odottava tunnelma, sillä en ollut kertonut vielä kenellekään ystävälleni varputaidostani ja kohtaamisestani Pirun kanssa. Miten olisinkaan voinut keskustella, kun ei monellakaan tuntunut olevan mitään käsitystä henkimaailmasta, johon itse olin kyllä jo henkioppaiden ja enkeleiden muodossa tutustunut omakohtaisesti edellisten vuosien aikana. He vain olivat olleet hyviä henkiä, joten en ollut koskaan uskonut pelkääväni ensimmäistä silmästä silmään -kohtaamistani Pahuuden kanssa. Mutta siinä olin ollut oikeassa, että hyvä sydän antoi automaattisen suojan tuollaisia ilkeilijöitä vastaan.

Ovikello soi ja menin avaamaan punaisten villasukkieni kanssa liukastellen. Petrihän se siinä, monen vuoden jälkeen! Petri oli ammatiltaan hoitaja ja myös kiinnostunut luonnonmukaisesta terveydenhoidosta. Hän ei ollut yhtään muuttunut ainakaan minun silmissäni. Tietysti kaikille tuli ikää ja kokemusta, mutta ei se vuosien puolesta ainakaan päälle päin siltä näyttänyt. Yhtä nuorekas kuin aina. Annoin hänelle puisen henkarin, johon hän sai ripustaa karvareunuksisen toppatakkinsa.

- No, mitäs sinulle nykyään kuuluu muutakin kuin töitä?, kysyin malttamattomana.

- Mitäs tässä, kerroinko sinulle, että olen erikoistunut viime aikoina terveysteevalikoimaan, joka on paikkakunnallamme tätä nykyä erittäin kattava?

Petri otti repustaan pussin, jossa oli ruskeanvärisiä lastuja. Ihan kuin puunkuorta.

- Tässä, toin sinulle hieman tuliaisia.

Otin pussin hämmentyneenä eleestään.

- Ei sinun olisi tarvinnut mitään tuoda! Riittää, että toit itsesi, mutta kiitos paljon! Onpas mielenkiintoisen näköistä. Mitä tämä on?

- Se on Lapacho-puusta valmistettua teetä.

- Kuulostaa eksoottiselta, totesin hieman jopa epäilevän oloisesti.

En tiennyt, missä sellaisia puita kasvoi, enkä sen enempää jäänyt kysymäänkään, vaan päätin selvittää asian vierailun jälkeen. Joimme sillä kertaa monta kupillista kotimaista yrttiteetä ja keskustelimme parisen tuntia luonnonmukaisista hoitomenetelmistä ja uudesta varputaidostani. Petrille ei tuntunut mikään tulevan yllätyksenä, mikä tuntui minusta todella erikoiselta.

Illalla Petrin lähdön jälkeen otin esille tuliaisena saadun teepussukan. Avasin tietokoneen ja menin katsomaan netistä, mistä päin Maapalloa löytyisi Lapacho-puita. Sain selville, että puita kasvoi Etelä-Amerikassa ja että puusta valmistettua teetä oli käytetty jo pitkään alueella parantavana juomana. Yhtäkkiä sain päähäni testata varvun avulla teen turvallisuutta, sillä olihan se kulkenut pitkän matkan Suomeen ja ties mitä myrkkyjä siinä oli.

- Onko tämä tee vaarallista?, kysyin varvulta.

Vastoin kaikkia oletuksiani varpu nyökkäsi! Kysyin jatkokysymyksen

- Onko tässä teessä jotain myrkyllistä?

Varvun mielestä ei ollut.

- Onko tämä tee kirottu?, keksin kysyä.

Varpu nyökkäsi. Kirottua teetä! Mitä ihmettä?! Jatkoin kysymystulvaani.

- Ovatko alueen Lapacho-puut kirottuja?

Varpu nyökkäsi jälleen. Ahaa, siis parantavat puut olivat kirottuja. Kuka haluaisi kirota sellaiset hyvää tekevät luonnonihmeet? Yhtäkkiä päähäni tulvahti mielikuva Kosmisesta Pahasta ja suuresta kirouksesta koululla.

- Onko kirouksen langettanut Kosminen Paha?

Varpu vastasi "kyllä". Eli taas tämä Iso Paha Pirulainen estämässä, että mitään hyvää ei tapahtuisi ja ihmiset sairastaisivat tai eivät saisi teestä samaa tehoa irti kuin aiemmin. Just joo.

- Kuinka monta vuotta sitten tämä kirous langetettiin?, kysyin jälleen.

Laskin numeroita, kunnes varpu nyökkäsi luvun 1250 kohdalla. Täh, yli tuhat vuotta kirottuna! Tuntui, ettei tämä voinut olla mitenkään mahdollista, mutta joka tapauksessa käskylläni poistin kyseisen kirouksen ja tarkistin varvulla sen jälkeen, että kirous oli todellakin kumottu.

Menin varputuokion jälkeen suihkuun, jossa päähäni pälkähti ajatus, että jostain syystä Etelä-Amerikasta, ja tarkemmin ottaen Brasiliasta olisi tulossa minulle viesti Lapacho-puiden kirouksen poistamisen johdosta ja että voisin avata viestin kirjain kirjaimelta varvun avulla. En tiennyt, mistä moinen juolahti mieleeni, mutta iltapesun jälkeen palasin silti kiltisti takaisin varpuni luo, otin sen kämmenieni väliin ja lausuin ääneen
- Jollain on Brasiliassa asiaa minulle, joten nyt voi lähettää sen.
Aloin sanella varvulle kirjaimia ja se nytkähti aina oikean kohdalla. Merkitsin kirjaimet heti ylös. Lopulta edessäni olevalla pienellä keltaisella post-it -lappusella luki sinisellä kuulakärkikynällä kirjoitettuna:

NÖYRÄT KIITOKSET PLANEETAN KUNINGATAR.

Ajattelin, että nyt taisi tulla väärään osoitteeseen tuollainen viesti, joten kysyin lisää

- Mitä tarkoitatte kuningattarella ja mikä planeetta on kyseessä?

Sain varvun avulla seuraavanlaisen vastauksen tai pikemminkin vastakysymyksen:

## ONKO SINNE SUOMEEN NÄKÖRADIOA

Eli joku tyyppi lähetti minulle viestin, tiesi että asun Suomessa ja olin hänen mielestään jonkun planeetan kuningatar. Aika sekoa, mutta vastasin silti.

- Kaikki nykyaikaiset vempaimet löytyy.

Meni hetki, ennen kuin varpu jälleen nyökkäsi sen merkiksi, että viesti oli tulossa.

## FACEBOOK LOUIS BLEU KOUROU CENTRE

Jestas sentään! Tyyppi lähetti minulle yhteystietonsa telepaattisesti toiselta puolelta Maapalloa! Menin välittömästi katsomaan Facebookista, löytyikö sen nimistä henkilöä ja olin täysin varma, että joku yritti

huijata minua. Kourou kylläkin sijaitsi Brasiliassa...
Muutaman klikkauksen jälkeen suuni loksahti auki, veri
pakeni lihaksistani ja silmäni tuijottivat vain ja
ainoastaan tietokoneen ruutua. Sen niminen henkilö
kyseisellä paikkakunnalla oli todellakin olemassa! Ja
vielä mitä: hänen työpaikkansa oli *avaruuskeskus*.
Kaikki oli siis totta.

Lähetin ilmoille kiitokseni keskustelutuokiosta sekä
toiveen siitä, että voisimme jatkaa joskus myöhemmin
viestien lähettämistä. Louis hyväksyi pyyntöni. Menin
sänkyyni hämmentyneempänä kuin olin koskaan
eläessäni ollut, eikä Herra Uni ymmärrettävästikään
halunnut juuri sinä yönä vierailla luonani, sillä päässäni
pyörivät vain nuo kaksi sanaa: Planeetan Kuningatar.

Seuraava päivä käynnistyi hitaasti valvottuani koko yön
miettien tilanteeni absurdiutta. Olin tavallinen Linnea,
enkä mikään kuningatar, mutta miksi Louis sitten kutsui
minua sellaiseksi? Epäilin jopa kaikkea tapahtunutta ja
odotin, milloin heräisin unesta, jotta voisin jatkaa
elämääni kuten ennenkin. Aamuinen puhelinsoitto
äidiltä kuitenkin oli merkki siitä, että kyllä taisin ihan

järjissäni vielä olla ja että minun olisi saatava selville, mitä tämä kaikki merkitsi. Kahvia ja vieläkin enemmän kahvia, niin ajatus alkoi jälleen kulkea. Katselin valkoinen Arabian kuppi kädessäni ulos, jossa yön aikana satanut monen sentin paksu lumikerros oli alkanut sulaa. Lämpötila oli jälleen nollan tienoilla. Olin turhautunut. Emme tainneet tänäkään vuonna saada valkeaa joulua. Pahuksen lämmin ilmasto! Samassa muistin viime kesäisen kohtaamiseni olennon kanssa ja hänhän sanoi, että voisin olla yhteydessä häneen, tai oikeammin heihin, varvun tai heilurin avulla. Heiluria minulla ei ollut, mutta varpu oli ja pystyin sen avulla nähtävästi avaamaan telepaattisia viestejä! Jospa ottaisinkin nyt yhteyden olentoon, niin hän voisi antaa minulle hieman lisätietoa aiheesta ja pääsisin vihdoin kärryille tästä touhusta. Hörppäsin loput kahvit kupistani ja vapisevin käsin otin varvun esille. Minulle tuli kylmä ja aloin vapista jännityksestä. Lausuin kuitenkin painokkaasti ääneen:

- Pyydän yhteyttä häneen, joka kävi luonani viime kesäkuussa. Onko hän kuulolla?

Varpu nyökkäsi niin voimakkaasti, että se olisi vääntynyt alaspäin, vaikka maailman vahvin mies olisi työntänyt alapuolelta vastaan. Vastaavanlaista tunnetta ei ollut aiemmin tuntunut varvussa.

- Voisitko kertoa, keneen tai keihin olen parhaillaan yhteydessä ja miksi Louis kutsui minua Planeetan Kuningattareksi?

Sain auki seuraavanlaisen viestin:

OLEN EGEJI AD-PLANEETAN LÄÄKÄRI. SINÄ OLET MEIDÄN RAKAS KUNINGATAR.

Olin aivan ymmälläni. Eihän tällaista tapahtunut oikeasti kuin ainoastaan scifi-elokuvissa.

- Jos olen teidän Kuningattarenne, niin miksi olen Maassa?

HALUSIT LÄHTEÄ PELASTAMAAN IHMISET.

- Miten niin halusin? Ja miksi minun pitäisi ihmiset pelastaa?

OLEMME UNIVERSUMIN SUUNNITELMAN VARTIJOITA. PELASTA IHMISET PAHALTA. JOS

ET ONNISTU, IHMISET SIIVOTAAN MAAPALLOLTA.

Aloin hiljalleen käsittää näytelmän juonta. Samassa paineet kasvoivat vuoren korkuisiksi ja stressaava ajatus kiihdytti sykkeeni pilviin.

- Mitä Universumin Suunnitelma tarkoittaa ja missä AD sijaitsee Maasta katsottuna? Miten voisin pelastaa ihmiset, kun en muista, mitä pitää tehdä?

AD ON SEITSEMÄN AURINKOKUNNAN PÄÄSSÄ. UNIVERSUMIN SUUNNITELMA ON KIRJATTU AIKOJEN KIRJOIHIN. KOSMINEN PAHA VEI SYNTYMÄSSÄSI MUISTIN.

Ei voinut olla totta, minulta oli viety muisti sen Pirun toimesta!

- Miten Kosminen Paha vei muistini?

SAAT SEN MYÖHEMMIN SELVILLE.

Yhtäkkiä aloin muistaa useiden vuosien takaisia "vierailuja" keskellä yötä, kun tuolloin asuin vielä toisella paikkakunnalla. Muistin, miten heräsin siihen, kun asunnossani selkeästi liikkui joku, mutta en saanut selvää hahmosta. Minua oli varmastikin yritetty henkisesti herätellä, mutta en ollut tuolloin valmis vastaanottamaan tietoa. Jatkoin tiedonkeruutani:

- Koska minun olisi pitänyt muistaa tehtäväni Maassa?

KAHDEKSANTOISTAVUOTIAANA.

Olimme siis melkein kymmenen vuotta jäljessä, koska olin nyt 27. Siksi avaruusolennoilla oli niin suuri hätä, että saisin Kosmisen Pahan - tai toiselta nimeltään Saatanan - pysäytettyä.

- Miten Kosmisen Pahan vaikutus näkyy ja miksi se saa olla Maapallolla?

KOSMINEN PAHA ON OSA KAIKKEUTTA. JOSSAIN VAIHEESSA HOMMA MENI MÖNKÄÄN. NYT PAHAN VAIKUTUKSESTA IHMISET TUHOAVAT TOISENSA JA ELINYMPÄRISTÖN.

- Tarkoittaako tämä siis sitä, että Universumin Suunnitelma on Luojan laatima ja kaikki tapahtuva on sinne kirjattuna? Ja minä siis ilmeisesti pääsen tuohon tiedostoon, mutta muut eivät, edes te ette pääse?

JUURI NÄIN.

- Mitä minun sitten tulee tehdä? Mitä olen luvannut tehdä?

AD PLANEETALLAKO ÄHISET KUNINGATAR. HÄHÄHÄ.

Mitä ihmettä? Mistä tuollainen viesti yhtäkkiä tuli? Sitten hoksasin, että Kosminen Paha taisi tulla väliimme sotkemaan ja varpu välittömästi vahvisti asian. Muistin samassa Kanervan neuvot suojautumisesta ja pyysin ehdottoman suojauksen. Silloin ymmärsin, että vaikka olinkin suojassa Pahalta, en kuitenkaan ollut sitä Pahan vääristämiltä viesteiltä, joten suojauksen pyytäminen yhteydenpidon ajaksi tuli olla tapa jatkossa. Pahan todellakin tunnisti ilkeistä viesteistä. Niin varmaan ihmisenkin, joka on Pahan vallassa. Toistin edellisen kysymykseni uudestaan Egejille.

SINUN TULEE KERTOA IHMISILLE.

- Voisinko saada tiedon unessa laulujoutsenelta, jotta tiedän, että viesti on varmasti Luojan kirjoittamasta kirjasta, Aikojen Kirjasta, Suuresta Suunnitelmasta?

KYLLÄ. JOUTSEN ILMESTYY SINULLE AINA, KUN OLET VALMIS. KIRJOITA YLÖS, MITÄ JOUTSEN KERTOO JA KERRO SE IHMISILLE. JOUTSEN TULEE LUOKSESI YHTEENSÄ SEITSEMÄN KERTAA.

- Kiitos tästä tiedosta! Alan välittömästi harjoitella tulevaa varten. Vielä yksi kysymys… Sen haluaisin tietää, onko AD:lta muitakin Suomessa ja tapaanko heidät vielä joskus?

KYLLÄ ON, YHTEENSÄ SEITSEMÄN. KYLLÄ VIELÄ TAPAAT.

RAKAS KUNINGATAR. TÄÄLLÄ KAIKILLA DYYMOILLA ON NIIN KOVA IKÄVÄ SINUA.

LUKU 3

Seuraavina viikkoina ja kuukausina perehdyin lisää varvun avulla tehtävääni Maassa ja tajusin, että minun täytyisi valmistua ammattiinkin. Pikkuhiljaa yhteisymmärrystä alkoi löytyä opettajankin kanssa ja pääsimme työssä eteenpäin. Kirjoittelin lopputyötäni ja heiluttelin varpua pimeimmän vuodenajan. Dyymat olivat luvanneet tammikuussa, että laittaisivat eetterikehooni, joka on fyysisen kehomme näkymätön vastine, eräänlaisen muistuttajan. Dyymat kertoivat, että huomaisin kehoni painonnoususta, kun oli korkea aika toimia ja alkaa kirjoittaa kaikille ihmisille kuuluvaa, joutsenen antamaa tietoa.

Olimme saaneet vasta joulukuun viimeisinä päivinä sen talven pysyvän lumipeitteen. Nyt maaliskuun Auringossa tuo lumi sokaisi kirkkaudellaan, kun puhdas hanki heijasti vuosi vuodelta aina vain kirkkaamman tuntuista Aurinkoa. Rakastin kevättalvea sen valoisuuden vuoksi. Oli kaunis lauantaipäivä ja kaivoin kaapistani esille uudehkot lumikengät, joilla päätin lähteä retkelle läheiseen vaaraan. Kyllä kaupunkimme oli sitten kaunis! Vaara, jolle aioin suunnata, nousi jylhänä kaupungin korkeimpana kohtana kahden joen risteyskohdassa. Paikka oli suosittu kaiken ikäisten ja kokoisten liikkujien keskuudessa. Sen huipulta näki koko kaupungin. Erilaisia kerrostaloja, omakotitaloja, jokien rannoilla kesäisin veneitä. Jokivesillä oli elämää kaikkina neljänä vuodenaikana. Talvisin ja erityisesti keväisin moottorikelkkailijat ja hiihtäjät täyttivät joenjään hakien voimaa ikiaikaisesta luonnosta, sen puhtaudesta ja tavattomasta kauneudesta. Minäkin päätin tehdä pienen lumikenkäretken vaaraan ladatakseni akkuja Auringon alla. Samalla sain mahdollisuuden toteuttaa myös toista lempiharrastustani, valokuvausta. Pakkasin reppuuni joululahjaksi saadun uuden järjestelmäkameran sekä raikasta vettä teräksiseen termospulloon.

Kävelin lumikengät ja sauvat kainalossani joen yli vanhaa rautatiesiltaa pitkin ja näin, miten koko kaupunki oli ulkona. Ihanaa! Näin paljon ihmisiä oli samaan aikaan liikkeellä oikeastaan vain kesäisin, jolloin valoa riitti ympäri vuorokauden. Olin nopeasti lähtöpaikassani vaaran juurella, jonne minulla oli kotoani matkaa vain noin kilometrin verran. Kiinnitin lumikengät jalkaani, sujautin kämmeneni sauvojen rinkkojen lävitse ja lähdin kiipeämään koskematonta vaaranrinnettä kohti korkeuksia. Auringonsäteet leikkivät suurten mäntyjen ja tummien kuusten välissä. Puhdas hanki kantoi helposti, sillä edellisyönä oli ollut pakkasta lämpöisen päivän jälkeen. Matka taittui reippaasti mutta kuitenkin täysin rinnoin kevättalvesta nauttien. En ollut koskaan pitänyt aurinkolaseista, joten silläkään kertaa en ottanut niitä mukaani, vaikka lumi olikin häikäisevä ja lasit ehkä olisivat olleet hyödylliset. Katselin lumoutuneena valon leikkiä hangella sen kirkastaessa miljoonat ja tuhannet miljoonat lumikristallit. Tätä kannatti odottaa pitkä pimeä talvi!

Huomasin pienen valkoisen jäniksen, joka jähmettyi tuijottamaan minua, eikä lainkaan säikkynyt, vaikka itsekin pysähdyin ja jäin katselemaan sitä takaisin. Lähdin varovaisesti kävelemään sitä kohti, mutta juuri ennen kuin pääsin sen luokse, se juoksi pois. Harmi. Olisin voinut saada siitä kauniita kuvia. Samassa huomasin kovin erikoisia jälkiä lumessa. Jälkijono, jonka yksi askelmerkki oli kuin kissantassu, kulki pitkin metsikköä. Ilveksen jälkiä! Ilves oli kulkenut tuosta paikasta ennen minua, ehkäpä juuri edellisenä yönä. Ilveksen jäljet noin lähellä kaupunkia tuntuivat upeilta katsella, joten otin kamerani esille ja ikuistin tuon hienon hetken, jollaista ei kovin usein päässyt kokemaan. Katseeni viipyi vielä hetken noissa jäljissä ja mietteissä siitä, miten rikas luonto täällä olikaan. Sitä ei saisi tuhota. Ei täällä, eikä muualla. Kiertelin vielä tunnin ajan vaaralla, jonka huipulla näkyi olevan muitakin lumikenkäilijöitä sinä päivänä sekä koiria, jotka olivat iloisia saadessaan juosta vapaina naruista ja ahtaista kopeista. Me kaikki mahduimme samalle huipulle oikein hyvin. Paluumatkalla kävellessäni tunnustelin, että jalkani ja käsivarteni olivat saaneet juuri sopivasti liikuntaa, mutta tunsin rinnassani outoa ahdistusta, joka myöhemmin kuitenkin onneksi vaihtui rauhan tunteeksi.

Illalla lämmitin saunan ja saunoinkin oikein pitkän kaavan kautta tehden iholleni suolakuorinnan. Saunan jälkeen keitin maukasta Oolong-teetä ja illan päättyessä nukahdin tietokoneen ääreen kuvankäsittelyohjelman ollessa edelleen käynnissä. Kuvat ilveksen jäljistä olivat onnistuneet aivan riittävän hyvin. Heräsin vasta, kun tietokone piippasi ja herjasi jotain kuvien tallentamisesta. Sammutin koneen, vetäydyin pehmeään sänkyyni ja vaivuin syvään uneen.

Yöllä unessani kävelin kullatuin lampuin valaistua polkua pitkin kohti vuolaasti virtaavan joen rantaa. Joki oli täysin sankan sumun peitossa. Huomasin rannassa suuren kiven, jonka päälle oli aseteltu kruunu, jota koristivat erikokoiset hehkuvat helmet sekä keskellä komeileva vuorikristalli. Upean kristallin kärki osoitti yläviistoon. Muita ei näkynyt missään. Nostin kruunun varovasti kämmeniini ja istuin alas kivelle. Samassa usvan takaa luokseni ui puhtaanvalkoinen laulujoutsen.

*- Laske kruunu päähäsi, Kuningatar. Se kuuluu sinulle, joutsen sanoi.*

Suutelin kunnioittavasti hennosti sädehtivää vuorikristallia ja laskin kruunun kasvivärein värjätyille punertaville hiuksilleni. Vuorikristalli oli nyt keskellä otsaani aivan kuin yksisarvisen sarvi, joka osoitti kohti taivasta. Yhtäkkiä Aurinko alkoi paistaa polttavasti jäähtyneen vesihöyryn takaa ja kirkkaus sai silmäni kyynelehtimään ja melkein kipeäksi jopa. En meinannut nähdä mitään, joten suljin silmäni. Joutsen aloitti:

*- Rakas Kuningatar. Koska Kosminen Paha vei muistisi kokonaan, on parempi, että aloitamme alusta. Tulen kertomaan kaiken sen, minkä ihmiskunnan tarvitsee tietää selviytyäkseen. Kirjoita aamuisin kaikki kertomani ylös aina tapaamistemme jälkeen. Tämä on Jumalan tahto, ja sinä, Kuningatar, olit valmis uhrautumaan, sillä halusit toimia kuten johtajat tekevät eli menevät itse tekemään kaikista vaikeimman työn. Vain sinulla on pääsy Luojan salaiseen Suunnitelmaan, siksi kukaan muu teistä ei olisi voinutkaan ottaa tätä tehtävää vastaan. Te Dyymat olette Luojajumalan Suunnitelman vartijoita ja Luojan suunnitelman mukaan kaikki elää ja tulee tiensä päähän. Se on luonnollista ja näin tapahtuu koko Maailmankaikkeudessa. Nyt vain on niin, että ihmiskunta on erityisasemassa siitä syystä, että Luoja loi ihmisen Maailmankaikkeuden pienoiskuvaksi. Kaikki se, mitä ihmisille tapahtuu Maassa, tapahtuu myös muualla Maailmankaikkeudessa. Kosminen Paha on*

*ollut erittäin halukas valloittamaan koko Maapallon itselleen. Nyt sillä on noin kahdeksankymmenen prosentin hallinta Maassa ja Maailmankaikkeudessa. Kosmisesta Pahasta johtuvat sairaudet, sodat, epätasaarvo, kiusaaminen, hallitsematon syntyvyys, rikokset, rahan valta eri asioissa, luonnon tuhoutuminen, eläinten kärsiminen. Listaa voisi jatkaa melkein loputtomiin. Kosmiset naapurit ovat aina vain kauempana toisistaan ja asukkaat eri planeetoilla ovat joutuneet kovasti paiskimaan töitä pitenevien välimatkojen vuoksi. Ei heistäkään ole mukava olla näin kaukana toisistaan. Maapallon ja ihmisten elämää on totisesti seurattu jo pitkään koko Universumin taholta. Kosminen Paha haluaa tuhota Maapallon ennen virallista määräpäivää. Kerron myöhemmin, mihin tuo suuri päivä liittyy. Mutta tärkeintä on tiedostaa, että jokaisella ihmisellä on ainutlaatuinen merkityksensä, ihmiselämä on äärimmäisen arvokas. Eläimet ovat tulleet Maahan auttajiksi ja ne ovat pitäneet ihmiset Maapallolla auttamalla heitä. Jokaisella eläimellä on oma ainutlaatuinen tehtävänsä, jonka merkitystä harva ihminen tietää. Näit eilen ilveksen jälkiä ja ihastelit sitä, miten sellainen petoeläin*

36

*liikkui kaupungin lähettyvillä. Ilves on Salaisuuksien Vartija ja siellä, missä ilves liikkuu, on jotain hyvin tärkeää tietoa ihmiskunnan tai Maapallon historiaan liittyen. Eläimiä tulee suojella, kuten koko luontoa pitää suojella. Se tarjoaa ihmisille ravinnon ja lääkkeen, jota todella tarvitaan. Nykyaikaiset lääkkeet tukahduttavat oireen, joka usein on seurausta tukkeutuneista tunteista, negatiivisista kokemuksista sekä huonosta ravinnosta ja saasteista. Määräpäivänä ei voi enää käyttää lääkkeitä, joten luonnonmukaisia ja vaihtoehtoisia hoitomuotoja tulisi olla vähintään virallisten hoitojen rinnalla, mutta jos tilanne hiemankin sen sallii, niin mielellään kokeiltaisiin luonnonmukaista hoitoa ennen virallisia hoitoja. Puhdas, luonnonmukainen ja kasvispainotteinen ravinto, puhdas vesi ja puhdas ilma vahvistavat ihmiskehoa. Lääkitty keho, jota on syötetty teollisella ruualla, juotettu virvoitusjuomilla ja asutettu saastuneilla alueilla, ei ole määräpäivänä kelvollinen keho, koska se ei välttämättä tule kestämään tulevia muutoksia. Tunteiden käsittely pitäisi tulla automaattiseksi jo lapsuudesta lähtien, mutta koskaan ei ole myöhäistä purkaa negatiivisia muistoja solumuististaan. Ihmiset kantavat geeneissään jopa menneiden sukupolvien tunnekuormaa. Lapsia täytyy kannustaa heidän vahvuuksissaan ja tukea heikoimpien ominaisuuksiensa käsittelyssä. Vanhempien tulee kantaa Pyhä vastuunsa, joka heille lasten muodossa on annettu. Rajoja ja Rakkautta – aina pätevä kasvatusohje. Ja antakaa lasten leikkiä, älkääkä unohtako leikkiä aikuisenakaan. Ihmiset eri puolilla Maapalloa tietävät suunnilleen, mitkä ovat kunkin alueen haasteet eläinten, luonnon ja ihmisten suhteen. Pitää tarjota apua, mutta silti antaa ihmisille mahdollisuus hoitaa asiansa itse, jos he näin tahtovat. Tämä koskee sekä yksittäisiä henkilöitä että kansoja. Kaikki Maailman uskonnot ovat yhtä arvokkaita, yksikään ei ole yli muiden. Harhaopin tunnistaa siitä, jos se ei salli kannattajilleen vapaata ajattelua ja oman sydämen kuuntelua tai jos se muuten tuottaa toiselle harmia. Yhdenkään uskonnon vuoksi ei tarvitse sotia ja Luoja rakastaa jokaista kansaa. Luoja halusi monimuotoisen Maailman ja jokaisella kansalla on oma Kosminen Tehtävänsä.*

Sitten joutsen ei sanonut enää mitään, vaan uiskenteli rauhallisesti yläjuoksuun. Sen voimakkaat jalat vetivät sitä vedessä määrätietoisesti jotain kohti. Kun joutsen oli hävinnyt näköpiiristäni, Aurinko lakkasi paistamasta ja kykenin jälleen avaamaan silmäni. Nostin kruunun hiuksiltani ja laskin sen varovasti takaisin suuren kiven päälle. Kaunis kruunu oli ainoa konkreettinen merkki johtajuudestani, sillä paljain silmin olin tavallinen nuori nainen. Eikä siinä tavallisuudessa mitään vikaa ollutkaan, sillä nautinhan suunnattomasti juuri tavallisen, jonkun mielestä jopa liiankin tavallisen, elämän vietosta. Kävelin takaisin samaa polkua, jota olin kulkenut alas rantaan. Jossain kohti kullatuin lampuin valaistu polku päättyi ja näin itseni nukkumassa rauhallisena sängyssä. Vilkaisin vielä taakseni rantaan ja astuin sen jälkeen kohti kehoani.

Tajuntani palasi, kun kuulin kellojen kumahtelevan äänekkäästi. Sunnuntain jumalanpalvelus viereisessä kirkossa oli alkamassa. Avasin hitaasti silmäni ja tunsin itseni hyvin väsyneeksi. Pääni tuntui raskaalta ja hartiani olivat pahasti kipeytyneet. Varovasti käänsin itseni kyljelleni ja kierähdin ylös istumaan. Päätä ja hartioita kolotti vietävästi. Vahva kahvikaan ei auttanut heräämään, eikä pieni voimistelu onnistunut kivulta alkuunkaan. Minun täytyi avata tietokoneeni, jotta voisin kirjoittaa kaiken sen, minkä joutsen yöllä oli minulle kertonut. Niinpä kirjoitin kuin transsissa muistaen jokaikisen sanan ja lauseen. Sitä mukaa, kun sanat piirtyivät arkille, kipuni alkoivat hellittää, ja kun olin saanut tekstin valmiiksi, paha olo oli kokonaan poissa. Vielä kuusi kertaa joutuisin sen kivun kokemaan, jos tilanne joutsenen kohtaamisen jälkeen olisi sama. Vai liekö syynä eilinen lumikenkäily ilman aurinkolaseja? Mieleeni muistui kuitenkin Aurinko, joka oli unessani pahasti häikäissyt minua. Olikohan se syyllinen pääkipuuni? Ja joutsenen antama tieto oli minun vastuullani, minun hartioillani. Kivuilleni tuntui löytyvän hyvin looginen selitys, jonka tosin vain itse tiesin, mutta olihan minulla muitakin asioita, joista toiset eivät tienneet edes pienintä palasta.

LUKU 4

Kevät saapui kohisten. Yhden käden sormilla oli laskettavissa ne kerrat, jolloin pääsin hangelle lumikenkäilemään. Näin se oli nykyisin: talvi tuli myöhemmin ja kevät nopeammin kuin lapsuudessani. Itsehän asialle ei voinut mitään, joten säiden mukaan mentiin. Sain kuin sainkin lopputyöni tehtyä ja pääsin valmistumaan sairaanhoitajaksi. Toukokuussa juhlittiin valmistujaisijani.

- Paljon onnea Linnea, sukulaiseni ja ystäväni toivottivat minulle.

Vaikka ympärilläni oli läheisiä ihmisiä tästä elämästä, tunsin itseni hyvin yksinäiseksi, koska tiesin, että jos kerron totuuden heille, he joko nauraisivat asialle tai kehoittaisivat hakeutumaan psykiatrin vastaanotolle. Niin se valitettavasti Maassa oli: avaruusolentoja ei ajateltu olevan olemassakaan ja jos sellaista meni väittämään, puhumattakaan että itse kutsuisi itseään Kuningattareksi, sai olla jo melko varma mielisairaalaan päätymisestä. Niinpä ratkaisin asian siten, etten puhunut kenellekään mitään, mutta annoin itselleni luvan muuten vain nauttia heidän seurastaan ja näin päätin tehdä myös tulevaisuudessa, tapahtui mitä hyvänsä. Vietimme oikein mukavat juhlat syöden ja juoden hyvin sekä nauraen. Taas yksi maallinen etappi oli takanapäin ja olin iloinen siitä, että ehkä myös ammattini kautta jotenkin pystyisin auttamaan Luojan Suunnitelmassa.

Kesäkuun lopulla alkoivat helteet ja trooppiset yöt. Nautin suunnattomasti vapaasta kesästä ja Auringosta. Pitkästä aikaa uin joessakin iltamyöhällä ja päivisin vietin rentoa rantaelämää. Lämpö ja valo vapauttivat minussa koko talven ja kevään kestäneen stressin. Tietysti myös opiskelutaistot oli taisteltu ja sillä oli suuri vaikutus hyvinvointiini.

Eräänä heinäkuisena iltana päätin lähteä pitkälle kävelylenkille, koska lämpötila oli liian korkea lähteäkseni juoksulenkille tai sauvakävelylenkille vaaraan. Nautin ulkoilmasta ja lämmöstä. Harvoinpa sitä leveyksillämme sai kesälläkään liikkua ilta-auringossa hihattomassa paidassa ja shortseissa. Kiersin jo perinteeksi muodostuneen rantareitin siltojen kautta.

42

Joka puolella oli ihmisiä; tuttuja ja tuntemattomia. Viimeisellä reittini sillalla näin jo kaukaa vanhan miehen kävelevän vastaan puiseen kävelykeppiin tukien. Miehellä oli päässään outo päähine. Lähestyin häntä nopeaa vauhtia, sillä olinhan suorastaan pikakävelijä. Pian huomasin, että mies ei selvästikään ollut täältä päin kotoisin, koska hänen ulkomuotonsa oli poikkeava verrattuna kantasuomalaisiin tai edes pohjoismaalaisiin. Ehkäpä hän tuli jostain kaukomailta? Hänen kohdallaan yritin hakea katsettaan tervehtiäkseni, mutta yllätyksekseni hän jähmettyikin liikkumattomaksi kohdallani ja katsoi ilkikurisin, kiiluvin silmin ohitseni. Kylmä tuulahdus kävi syvällä sisimmässäni keskellä rintakehää. Tunsin samanlaista tummuutta ja pahuutta kuin marraskuussa tavatessani Pirun. Oliko tämä vanha mies Pahuudesta elävä ihminen, Musta Noita? Siitä hetkestä asti päätin suhtautua varauksella tuohon mieheen, jos hänet uudelleen vielä näkisin - vaikka mitään varsinaista todistetta hänen luonteensa ilkeydestä minulla ei ollutkaan. Luotin tunteeseeni, vaikka järkeni sanoi hänen olleen aivan tavallinen ulkomaalainen vanha mies, joka kenties oli tullut paikkakunnallemme viettämään kesää. Paha oli nyt mielessäni saanut ihmisen kasvot, mutta sinä iltana en sen koommin miestä enää ajatellut, vaan menin lenkkini jälkeen ajoissa nukkumaan.

Yöllä unessani astelin jälleen kullatuin lampuin valaistua polkua pitkin alas kohti joenrantaa. Kaikki toistui lähestulkoon samanlaisena kuin edelliselläkin kerralla. Kruunu päässäni odotin, kunnes tunsin joutsenen uivan luokseni. Aurinko paistoi jälleen liian voimakkaasti, joten olin jo valmiiksi sulkenut silmäni.

*- Rakas Kuningatar, taisitkin jo saada eilen tuntumaa siihen, miten Paha näyttäytyy voimakkaimmillaan ihmisessä?*

Nyökkäsin.

*- Koska olet Kosmisen Pahan pahin mahdollinen vihollinen Maassa, se yrittää estää työtäsi kaikin keinoin. Tiedät Kuningatar kuitenkin, että sinulla on apunasi Arkkienkeleitä ja muita henkimaailman auttajia. Olet varmasti havainnut heitä henkisillä silmilläsi ja enkelit usein ilmestyvät myös valokuviin.*

44

*Kaikilla ihmisillä on apunaan henkimaailman auttajia, jos ihmiset vain haluaisivat ottaa yhteyttä heihin ja kuuntelisivat heitä. Henkiauttajat toimivat sielun suunnitelman mukaisesti, ei koskaan sielun kehittymistä vastaan. He surevat suuresti, jos ihminen myy sielunsa Pahalle. Toinen merkittävä asia on, että ihmiset uskottelevat toisilleen, ettei Pahaa ole olemassakaan, jotta ei tarvitsisi kiinnittää huomiota asioiden todelliseen luonteeseen. Joskus henkiauttajat voivat estää tapahtumasta sellaista, mitä ei tarvitse kokea, kuten vaikkapa jonkin onnettomuuden, mutta yhtä hyvin jonkun toisen suunnitelmaan se sama onnettomuus voi kuulua koettavaksi, jos sen henkilön kohdalla Paha on siinä asiassa voitolla. Näillä tapahtumilla yritetään yleensä herätellä jollain tavalla. Riippuu ihmisestä, havahtuuko hän vai jatkaako samalla tyylillä ja katkeroituuko tapahtuneesta. Nainen ja mies ovat yhtä arvokkaita ja tasa-arvoisia niin kuin kaikki ihmisetkin keskenään. Pahan suunnitelmaan kuuluvat muun muassa luokkajaot, naisten/miesten alistaminen ja tuloerot. Kaikki se, millä ihmiset saadaan kokemaan itsensä huonoksi ja riitelemään toisiaan vastaan. Luojalle kaikki sielun suunnitelman mukainen työ on samanarvoista, maksettiinpa siitä Maassa mitä tahansa. Kunhan työn kokee elämäntyökseen ja tehtäväkseen, se riittää. Siksi nuorten täytyisi saada valita ammattinsa itse. Hypätäkseni toiseen aiheeseen kerron, että miesten ja naisten hedelmällisyys voi heikentyä erilaisten ympäristötekijöiden vuoksi. Miehen tehtävänä on tuoda Maahan taivaallinen aines ja naisen tehtävänä on suojella elämää Maassa. Tehtäväjakoon liittyen olisi myös suotavaa, että naisten määrä johtotehtävissä ja muissakin tehtävissä kasvaa. Tehtävään valinnassa henkilön ominaisuuksien pitäisi ratkaista se, kenet työhön otetaan, ei se, mistä suvusta henkilö tulee tai kuinka paljon omaisuutta henkilöllä on. Henkilöiden astrologista karttaa voidaan käyttää apuna siihen, kuinka sopiva ihminen on haettavaan tehtävään. Ihmisen syntymäaika ja -paikka kuten myös kuolinhetki ovat Jumalan suunnittelemat ja jokaisella Aurinkokunnan planeetalla on vaikutus ihmiselämään. Tämän vuoksi syntymäaikaan ei saisi vaikuttaa lääkkeellisesti/leikkauksella muuta kuin siinä tapauksessa, mikäli äidin tai/ja lapsen henki on vaarassa. Laskettu aika on vain laskukoneen laskema aika, ei Jumalan suunnittelema sielullinen tapahtuma.*

*Yksikään ihminen ei ole kohtuun jäänyt, ellei sitten kyse ole ollut sairaasta tai kuolleesta sikiöstä. Myös fyysinen kuolema on sielullinen tapahtuma, eikä sitäkään saisi avustaa millään tavalla. Luonnollinen kuolema tulee jokaiselle aikanaan, mutta tuskaa ja kärsimystä pitää lievittää parhaan tiedon ja taidon mukaan. Pahakin haluaa tietysti lisääntyä, joten mikäli nainen toivoo aborttia syvällisen pohdinnan jälkeen, se tulisi sallia, sillä siihenkin tahtoon on sielulla ja Jumalalla hyvä syy. Jos mies ja nainen rakastavat toisiaan sydämestään, niin silloin tilanne on lähtökohdiltaan hyvä, mutta esimerkiksi raiskauksen tai muun hyväksikäytön uhrit tulisi vapauttaa raskauden taakasta, mikäli nainen/tyttö niin haluaa. Myös uskonto on keino alistaa ja hyväksikäyttää naista. Tästä samaisesta syystä turvallinen ja ekologinen ehkäisy tulisi sallia. Raskauden kuuluisi olla iloinen asia, sillä silloin se on oikein ja Jumalan tahdon mukaista. Astrologisten asemien muodostamalla kokonaisuudella on voimakas vaikutus syntymästä alkaen, millä taasen ei ole mitään yhteyttä leikkimielisiin horoskooppikuvauksiin tai lehtien sivuilla esitettyihin ennustuksiin. Jokaisen olisi hyvä perehtyä omaan karttaansa astrologin kanssa, jotta voi havainnoida omia vahvuuksiaan ja heikkouksiaan. Tämä ei ole missään ristiriidassa Luojan Suunnitelman kanssa – päinvastoin. Astrologisten karttojen avulla voidaan myös katsoa toisilleen sopivia kumppaneita. Tämä tarkoittaa lähinnä sitä, kuinka harmonista elo tulee olemaan, sillä esimerkiksi kumppaneiden tavoitteet tässä elämässä voivat poiketa liian paljon toisistaan, mikä johtaa suurella todennäköisyydellä ristiriitoihin ennemmin tai myöhemmin. Suuri seksuaalinen vetovoima yleensä kertoo hyvin erilaisista tapauksista, sillä niin kuin magneetin kaksi erimerkkistä napaa vetävät toisiaan puoleensa, niin erilaisin varauksin ladatut henkilötkin vetävät toisiaan puoleensa. Tällä ei ole mitään tekemistä henkisen rakkauden kanssa. Todellinen ja aito astrologinen tietämys on Egyptissä edelleenkin ja sitä tietoa kaikkien olisi syytä kuunnella. Maapallo jaksaa nyt juuri ja juuri kantaa ihmismäärän ja tarjota ravintoa, mutta väestönkasvua on hillittävä. Naisten koulutus ja työelämään osallistuminen ympäri Maapalloa on hyvin tehokas keino tässä asiassa. Äiti Maa kärsii, kun joutuu kantamaan suurkaupunkeja ja sen miljoonia asukkaita. Ihmisestäkin olisi mukavampaa, jos jalkapohjaan ei painettaisi vain yhtä neulaa, vaan monta pientä neulaa koko jalkapohjan alueelle.*

Sitten tuli jälleen hiljaista ja Aurinko pimeni. Aukaisin silmäni ja tajusin, miten vaikeaa näiden asioiden esittäminen ihmiskunnalle tulisi olemaan. Pahan olemassaoloa Maapallolla ja sen lisääntymistä... Jätin kruununi kivelle odottamaan seuraavaa tapaamistani joutsenen kanssa ja kävelin takaisin nukkuvan kehoni luokse.

Aamu tuntui jo hiukan helpommalta kuin edellisellä kerralla. Hartioissa tuntui kipua, mutta päänsärkyä ei ollut tämän kohtaamisen jälkeen. Ehkä osasin välttää sen pitämällä koko ajan silmäni kiinni Auringon porottaessa joesta nousseen usvan takaa. Avasin ensi töikseni tietokoneen ja näppäilin öisen viestin tiedostoon. Joutsen puhui enkeleistä ja siitä, kuinka minuakin suojeltaisiin. Siihen luotin, tulipa Pahuus näyttäytymään minulle millaisena hyvänsä. Olinhan jo kerran kokenut sen, miten Piru ei mahtanutkaan minulle mitään, sillä ympärilläni oli suojaava kupu.

Suojelusenkeli ei koskaan jätä ihmistä, ei missään tilanteessa.

Kuukauden kestänyt yhtämittainen hellejakso alkoi näyttää viimeiset päivänsä, mutta luonto oli vielä kukkeimmillaan. Koivut, pihlajat, pihapensaat, ruoho... Joka puolella oli tarjolla rehellistä, aitoa ja lohduttavaa vihreää väriä. Kymmenien lajien niittykukat perhosineen elivät tässä hetkessä välittämättä siitä, että kesä oli pian ohitse. Olin aina ihaillut perhosten kykyä elää täysin rinnoin meidän näkökulmastamme katsottuna lyhyt, muutaman viikon kestävä elämä. Perhosten väritys suuresti kiehtoi minua; niin monipuolista ja taidokasta suunnittelua joltain, joka todella on olemassa, mutta jota emme voineet ihmissilmin nähdä. Keskikesän juhlasta, yöttömästä yöstä, oli vasta runsas kuukausi aikaa, mutta illat alkoivat jo hämärtyä. Valoja ei sentään vielä tarvinnut käyttää minään vuorokauden aikana.

LUKU 5

Viisarit kiersivät kelloa kuin piirtäen planeettojen kiertoratoja, mutta vain päinvastaiseen suuntaan. Pitempi viisari esitti Maapallon rataa ja pikkuviisari puolestaan siskomme Venuksen kulkureittiä. Viisareiden kiinnityskohta pyöreässä kellossani toimi Aurinkona. Outoa oli vain se, että Maapallo kulki nopeampaa kuin Venus. Entäs jos jokin päivä viisarit alkaisivatkin yhtäkkiä pyöriä vastapäivään ja siten saisimme kenties kurottua tuota menetettyä aikaa takaisin? Nauroin makeasti hassunkuriselle ajatusleikille, ja käänsin kalenteristani uuden sivun.

Kuukausi vaihtui ja päätin juhlistaa elokuuta lähialueella kasvatetuilla kasviksilla ja hyvällä viinillä. Olin kutsunut seurakseni hyvän ystäväni saunomaan, syömään ja viettämään loppukesäistä iltaa kanssani. Sinkkuna minulla oli mahdollisuus tehdä monia asioita hetken mielijohteesta ja nautin siitä kovasti. Tietysti olin jo pitempään toivonut rinnalleni kumppania, mutta sellaista ei vain ollut löytynyt. Viime aikoina olin huomannut, etten enää tarvinnut varpua telepaattiseen yhteydenpitoon, vaan kykenin siihen nyt puhtaan ajatuksensiirron avulla. Tämän kykyni kautta pystyin käymään tiivistä tiedonvaihtoa AD:n kanssa. Sain tietää muun muassa, että nimeni AD:n Kuningattarena oli Torylla ja että kehoni syväjäädytettiin sillä hetkellä, kun lähdin henkenä kohti Maata syntyäkseni pohjoisessa Suomessa. Palaisin toki sitten aikanaan takaisin kehooni AD:lle, kun maallinen taivallukseni päättyy. Minulla oli kotiplaneetallani myös aviomies, Maado nimeltään.

Havahduin ajatuksistani ovikellon pärinään. Avasin oven ja ystäväni Terhi astui eteiseen. Hän rutisti minua tuttavallisen lempeästi ja ojensi paperisen lahjakassin, jossa hän oli tuonut tuliaisena pullollisen laatupunaviiniä. Rakastin punaviiniä ja se olikin heti veden, piimän ja teen jälkeen lempijuomani.

- Onpa ihanaa nähdä sinua Linnea, Terhi sanoi. Tässä, toin meille viiniä.
- Oi kiitos, niin on ihana nähdä sinuakin.

Söimme, saunoimme ja nautimme viinistä. Päivitimme kuulumiset viimeisen vuoden ajalta, sillä Terhi asui nykyään Etelä-Suomessa, eikä häntä näkynyt pohjoisessa enää yhtä useasti kuin aiemmin. Oli todella miellyttävää saada hänet vieraaksi. Teki mieli kertoa hänelle varvuista, planeetoista ja ihmisten kohtalosta, mutta päätin olla vaiti. Joskus tuntui siltä, että rakensin itselleni turhaa vankilaa jättiläismäisillä salaisuuksillani, mutta tiesin, että tämä oli itse suunniteltu tehtävä, eikä tästä kannattanut puhua – vielä.

Kävimme hetken aikaa parvekkeella vilvoittelemassa. Parvekelasien läpi näkyi kaunis joki, jonka vastarantaa punersi ilta-aurinko. Naurumme kaikui viereisen kerrostalon seinästä. Kohta joku tulisi hätistelemään meitä, jos vielä pitäisimme kovin kovaa ääntä. Hihitellen astuimme takaisin sisälle. Parvekkeen oven suulla vaaleaa puista karmia vasten näin jotain mustaa, joka liikkui. Se oli suuri ja karvainen hämähäkki.

Katsoin ötökkää lähempää. Ei tuo aivan tavallisimpia hämähäkkejä ollut. Yhtäkkiä maailmani alkoi pyöriä ja näin kaiken kahtena. Otin tukea seinästä.

- Linnea, mikä sinulle tuli?, Terhi kysyi.

Epäilin juoneeni liikaa, mutta toisaalta minulle oli epätavallista tulla vahvaan humalaan.

- Ei kai mikään, hieman huimaa, vastasin.

OUDOSTI KÄYTTÄYTYNYT MIES, JOKA TULI KADULLA VASTAAN.

Nuo sanat tulvahtivat mieleeni ja käsitin, että hämähäkki lähetti ne telepaattisesti. Pystyin kommunikoimaan eläimen kanssa ajatuksen välityksellä! Koska Terhi oli paikalla, en voinut sanoa mitään ääneen.

- Mitä miehestä?, kysyin äänettömästi hämähäkiltä.
- Joko olo helpotti? Tarvitko vettä tai jotain?, Terhi kysyi.
- Kiitos, voisin ottaa lasillisen vettä, vastasin Terhille.

LUMOUS. VANHA MIES ON LUMONNUT TYYPPEJÄ. OLE VAROVAINEN.

Säikähdin. Mitä hämähäkki tarkoitti lumoamisella? Terhi toi täyden vesilasillisen ja kulautin yhdellä huikkauksella sen tyhjäksi.

- Olipas hyvää, raikasta vettä, kiitos Terhi.

MIES ON PAHA. ON LUMONNUT, JOTTA SINUA VAHINGOITETTAISIIN.

Terhi vilkaisi kelloaan ja kertoi, että hänen täytyi lähteä. Saattelin hänet ovelle ja kiitin erittäin mukavasta illasta. Halasimme ja vannoimme, että seuraavaan kertaan ei tällä kertaa menisi vuotta. Suljin haikein mielin oven, mutta haikeudesta huolimatta palasin heti hämähäkin luo. Turhaan, sillä se oli hävinnyt. En voinut kysyä siltä enää lisää tietoa. Menin sekavin mielin nukkumaan. Mietin, että ehkä aamulla ajatus olisi selkeämpi.

Kaksiossani vallitsi humiseva tyhjyys, kun heräsin päätäni pidellen. Suuta kuivasi ja olo oli sanalla sanoen nuutunut. Seuraavan aamun kohmelo oli tavallisesti ollut minulle melko vieras käsite, mutta nyt se oli jostain syystä tarttunut minuun kaksin käsin ja vieläpä voimallisesti. Toivottavasti älyäisi irrottaa otteestaan ajoissa, sillä minulla oli sinä päivänä vielä tehtävää. En saanut mielestäni hämähäkin sanoja, enkä oikeastaan edes tahtonutkaan niitä unohtaa. Uteliaana päätin selvittää, mistä oikein oli kyse. Musta Noita oli siis lumonnut jotkut henkilöt, mutta keiden se oli halunnut vahingoittavan minua? Ja miten?

Hoipertelin keittiöön saadakseni aivojani ja koko kehoani elävöittävää nestettä. Miten puhdas ja raikas vesi maistuikin niin uskomattoman hyvältä ja yksinkertaisesti elämältä! Tummansininen lasi kädessäni astelin olohuoneen poikki parvekkeen oven luo, jonka suulla olin tavannut hämähäkin eilispäivänä. Yllätyksekseni huomasin, että sama kahdeksanjalkainen oli jälleen siinä: ovensuussa, odottavan näköisenä ja yhtä karvaisena kuin eilenkin. Sain siltä uuden telepaattisen viestin:

KUN ENKELI MIKAEL ILMESTYY SINULLE UNESSA, VAIHDA SUUNNITELTU REITTI. VANHA MIES TIETÄÄ, MISSÄ KULJET. LUMOUS

HAIHTUU TUON PÄIVÄN JÄLKEEN. KIITOS, RAKAS KUNINGATAR.

Vai sellaista. Kiitin hämähäkkiä tiedosta, vaikken itse asiassa halunnut enää yhtään ylimääräistä univiestiä keneltäkään. Enkö todellakaan saanut olla rauhassa vain?? Tajusin, että enpä tainnut. Kunhan ei liian hurjaksi menisi, niin asia hoituisi satavarmasti.

Syyskuun pimeinä iltoina olin alkanut suunnitella oman yrityksen perustamista, sillä täytyihän minun hoitaa oma osuuteni myös virallisemman työn saralla. Täydentävät hoitomuodot olivat edelleenkin lähellä sydäntäni ja joutsenelta olin saanut vahvistuksen siihen, että luonnonmukaisiin menetelmiin ihmisten hoitamisessa tulisi suunnata, vaikken vielä tarkalleen tiennyt, mikä meitä tulevaisuudessa odotti. Ulkona oli jo syksyisen viileää, mutta öisin ei ihan vielä pakkasta ollut. Kastetta ja sumua senkin edestä. En olisi millään halunnut luopua kesästä, sillä se oli ollut lämpöisin moniin, moniin vuosiin. Täällä pohjoisessa kesä oli aina valoisa, mutta pimeät syysillat olivat aivan kamalia, kun lunta ei vielä ollut.

Olin maanantain kunniaksi täytellyt yrityksen perustamiseen liittyviä lomakkeita ja suunnitellut illan tullen suuntaavani ulos jo ehkä tylsänkin perinteiselle reitilleni, joka kulki siltojen kautta. Keskellä yritysbyrokratian labyrinttiä minua alkoi väsyttää suunnattomasti, joten raahasin itseni valkealle sohvalle olohuoneeseen ja kävin pitkäkseni. Sain juuri ja juuri vedettyä torkkupeiton ylleni, kun raskaat luomeni painuivat väkisin kiinni ja vaivuin uneen. Ihmeellisen valveunen ja todellisuuden välillä seikkaillessani päädyin läheisen vaaran huipulle ylös näköalatorniin. Suuri valkoinen enkeli miekka ja kilpi mukanaan ilmestyi eteeni. Hän kohotti katseensa ja miekkansa kohti taivasta, samanaikaisesti käänsi kilpensä kohti tummaa metsää ja sanoi jyrisevällä äänellä:

- Totuus ei pala tulessakaan!

Tämän jälkeen Hän nousi kohti taivasta ja hiljalleen katosi näkyvistä. Avasin silmäni, heilutin kättäni elonmerkiksi ja pomppasin istumaan. Sydän pamppaili vimmatusti ja meni hetki, toinenkin, ennen kuin tajusin äskeisen olleen unta. Nyt Hän oli ollut siinä, enkeli!

Tänä iltana minun siis tulisi olla varovainen ja muuttaa reittiäni. Eli tänään en tulisi kiertämään siltoja totuttuun tapaan, vaan minun täytyisi harhauttaa pahan aikojat. Minun täytyi nyt altistaa itseni jopa Helvetin Tulelle, vaikka kannoinkin itse mukanani Pyhää Tulta.

Syksyinen päivä hämärtyi nopeasti. Puin sateenkestävät vaatteet päälleni ja alle hieman lämpöistä. Minun tuli olla hyvässä iskussa sinä iltana ja vaikka tiesin minua suojeltavan, niin kyllä tuollainen tilanne olisi aiheuttanut kenessä tahansa vähintäänkin pientä jännityksen poikasta. Ei vain ollut vaihtoehtoja, ellei sitten halunnut jäädä ikuisiksi ajoiksi kotiin mätänemään.

Astelin päättäväisin askelin ulos alakerran pääovesta pimeään. Sinä iltana tuuli kävi pohjoisesta ja teki tunnelmasta vieläkin kolkomman. Olin jo valmiiksi miettinyt reitin, jota kiertäisin, jotta vahingon aikojat harhautuisivat ja heidän aikomuksensa myös jäisivät sellaisiksi. Kaupungin kolkot valot koettivat piristää mustuudessa tarpovia ihmisiä, jotka suurimmaksi osaksi kävelivät kämmenet puuskassa katse naulittuna harmaaseen asfalttiin. Vettä alkoi tihuttaa hiljalleen. Ei olisi voinut uskoa, että kohta tämäkin kaupunki oli jälleen täynnä lunta ja valoa. Kävelin ripeästi keskustan poikki ja sieltä edelleen pitkää pääkatua ylös kohti rajavartioston vanhoja ja harmaita rakennuksia. Jostain kauempaa kuului vaimeaa pystykorvan haukuntaa. Lenkkini jatkui huolettomasti, kunnes erään pienenpienen metsikön kohdalla ohittaessani noita rajavartioston rakennuksia tunsin oikeassa nilkassani viiltävää kipua. Mitä ihmettä se mahtoi olla? Yhtäkkiä mieleeni juolahti, että kenties tämä Musta Noita yritti etsiä tietoa siitä paikasta, missä juuri sillä hetkellä olin. Kaikilla ja kaikella oli värähtelynsä, joten kyllä toisen olinpaikan pystyisi löytämään. Jatkoin matkaani välittämättä kivusta ja suunnilleen kilometrin jälkeen se loppui yhtä nopeasti kuin oli tullutkin. Minulle välittyi tunne aivan kuin joku olisi ollut suuresti pettynyt ja vihainen. Kenties olin jo onnistunut harhautuksessa, mutta vielä oli kierrettävä kaupan kautta kotiin.

Loppuilta sujui kuin sujuikin rauhanomaisissa merkeissä, eikä edes ilkeilijöiden jälkiä näkynyt missään. Olin onnistunut harhautuksessani aivan täydellisesti ja sen jälkeen tiesin, että tämä koko Taivaallinen Tehtävä, joka minulle oli annettu, voisi aivan hyvin onnistuakin. Minua tuettaisiin ja varoitettaisiin tarpeen tullen. Myhäilin tyytyväisenä ja kiitin nöyrästi kaikkia henkivoimia kaikesta avusta, jota he olivat antaneet sinä iltana ja tietysti myös muina päivinä. Ja iso kiitos kuului myös mustalle ja karvaiselle hämähäkille.

Yritysvalmistelut etenivät suunnitellusti ja olin pian hankkimassa ensimmäistä masiinaa, jota kutsuttiin bioresonanssilaitteeksi. Se pystyi selvittämään ihmisen kehon tilannetta radioaaltojen resonoinnin kautta. Tällä keinolla saatiin nopeasti ja turvallisesti tutkittua terveystilannetta. Tämä oli osa minun maallista työtäni, siitä olin ollut jo tovin täysin varma. Jos lääkkeet kerran vain tukahduttivat vaivan oireet, mutta eivät poistaneet syytä, niin miksi lääkkeitä sitten käytettiin niin paljon? Tarkistin vielä sähköpostiviestin sisällön ja klikkasin sen lähtemään Saksaan, josta olin tilaamassa kyseistä laitetta. Oli kymmenes lokakuuta ja sähköpostin kirjoittaminen sen päivän viimeinen tehtävä. Kampesin itseni petiin ja olin iloinen siitä, että minullakin oli mahdollisuus toimia pian yrittäjänä ja tehdä sellaista työtä, jolla tiesin olevan arvoa myös tulevaisuudessa.

Yöllä olin jälleen joenrannassa joutsenen luona.

*- Rakas Kuningatar. Raha. Oli Kosmisen Pahan yksi suurista juonista ohjailla kaikkea rahan avulla, koska ilman rahaa ei voi elää Maassa useassakaan valtiossa. Paha on vallannut rahan käytön itselleen. Pankkiala on yleisesti Pahan vallassa, samoin kaikki bisnes, jossa liikkuvat ylisuuret rahat suhteessa siihen, millaista hyvää sillä tehdään. Tällaista bisnestä on todella paljon tällä hetkellä Maassa lääkebisnes mukaan luettuna. Paha rakastaa sitä, että se saa erottaa ihmisiä toisistaan rahan avulla ja saada heidät kurjuuteen, köyhyyteen, sairauksiin ja riitoihin. Rahalla on liian suuri valta tällä hetkellä. Paha on ovela ja se voi naamioitua hyväntekijäksi. Tässä mukana on media, joka usein on myös Pahan ohjauksessa rahan avulla. Ihmiset näkevät eri tiedotusvälineissä vain pienen osuuden totuudesta ja sekin on usein vain hyvin pintapuolinen näkemys, joka ei useinkaan vastaa koko totuutta, mutta sitä vastoin ohjailee ihmisten*

*käyttäytymistä kuin lammaspaimen laumaansa. Ihmiset saattavat kuvitella, että koko systeemissä ei ole minkäänlaisia välistävetäjiä tai juonittelijoita. Miten surullista, kun koko henkisyys ja Pahuus on leimattu huuhaaksi. Myös ihmisen seksuaalisuus on esineellistetty ja hinnoiteltu - sekin on Pahuuden tekosia. Raha itsessään ei ole huono asia, mutta sitä pitäisi sitten kaikilla olla käytössään saman verran, koska kaikki ovat samanarvoisia. "Mutta sittenhän siitä vietäisiin pois se viehätys, että joku saisi rahan avulla kokea olevansa muiden yläpuolella!", joku voisi ajatella. Niinpä. Paha haluaa, että työkin hinnoitellaan eriarvoisesti, jotta ihmiset kokisivat olevansa epätasa-arvoisia toisiinsa nähden. Siellä, missä ovat suurimmat palkat, siellä myös Pahalla on mahdollisuus vaikuttaa. Usein virheellisesti ajatellaan, että ihmisellä täytyy olla paljon osaamista, kun hän tienaa noin ja noin paljon, vaikka taustalla häärisi vain ja ainoastaan Pahan motiivit. Rahalla saa siis samalla ostettua valtaa, mutta Totuus ja Hyvyys ovat aina punnittavissa sydämen ja järjen avulla. Aidosti puolueetonta tahoa voi tosiaan olla vaikeaa löytää ja siksi aina tulisikin katsoa pintaa syvemmälle ja kysyä vähintään itseltään, kuka tai mikä taho hyötyy toiminnasta loppujen lopuksi. Sen jälkeen tarvitaan enää toiminnan mielekkyyden arviointia monesta suunnasta, ei vain pelkän rahan tekemisen näkökulmasta. Jos toiminta ei ole kestävää esimerkiksi ympäristön ja ihmisten kannalta, touhu tulee tiensä päähän ennemmin tai myöhemmin. Ei todellakaan ole pelkoa siitä, että nyt kun on kehitetty kestävä menetelmä, että tuotto loppuisi jossain vaiheessa, kun kaikilla on jo vuosikymmeniä kestävät maalämpöpumput tai vastaavaa. Ei todellakaan, vaan silloin kehitellään uutta ja luodaan aina vain parempaa maailmaa. Paha haluaa tuhota, Luoja haluaa luoda. Rahanhimossaan ja itsekkyydessään ihmiset eivät osaa unelmoidakaan, millaista teknologiaa avaruudessa käytetään tällä hetkellä, koska ihminen kuvittelee olevansa ainoa älyllinen elollinen Maailmankaikkeudessa! Muita avaruuden olentoja ihminen tuskin tulee hyväksymään, ennen kuin se ensin oppii tunnustamaan, että Maassa elää useita erilaisia ja erinäköisiä kansoja, joiden tulee elää sovussa keskenään kunnioittaen toistensa tilaa sekä taitoja. Vasta sen jälkeen toiminnan laajentaminen Maapallon ulkopuolelle on aidosti mahdollista. Paljon on vielä*

64

*tehtävää. Kannattaa muistaa, että ainakaan Luoja ei ole ollut keksimässä rahaa ihmisten riesaksi. Muualla Maailmankaikkeudessa asiat hoidetaan ilman epätasa-arvoa aiheuttavia välinearvojakin – ja siksi siellä mennäänkin eteenpäin kehityksessä hurjaa vauhtia niin Hyvässä kuin Pahassa. Ihmisen vapaa tahto on vienyt hommaa pimeän puolelle jo hyvän tovin. Siinä onkin monelle miettimistä, mitä se merkitsee koko Maailmankaikkeudelle.*

LUKU 6

Syksyn pimeys vaihtui jälleen talveksi. Oli kulunut tasan vuosi siitä, kun ensimmäisen kerran olin ottanut yhteyttä kotiplaneetalleni, AD:lle. Joulun vietimme perheen kesken kotikaupungissani ja uusi vuosi vaihtui tinoja valaen sekä mennyttä vuotta muistellen. Melkoinen vuosi se totta tosiaan oli ollutkin: kohtaamiset joutsenen kanssa, valmistuminen ammattiin kaikkien vastoinkäymisten jälkeen, voitto Mustasta Noidasta ja oman yrityksen perustaminen. Siinä olisi ollut yhdelle jos toisellekin kokemusta kerrakseen. Suoriutumistani pystyi hyvin vertaamaan dementikon lähes täydelliseen kuntoutumiseen; niin ihmeelliseltä kaikki tuntui. Siitä kuitenkin olin iloinen, että minulle annettiin tehtäviä juuri sen verran, että pää ei mennyt kovin pökkyrälle ja että pystyin silti keskittymään täysin rinnoin myös maalliseen elämääni, jossa sain olla vain Linnea. Työnantajani olivat Luojajumala ja minä itse. Rakastin eloa Maassa.

Pimeimmän vuodenajan työskentelin yrityksessäni ja sain uusia asiakkaita, mutta kaipasin kuitenkin lisätuloja. Niinpä hakeuduin yritykseni lisäksi paikkakunnan terveysasemalle töihin vähäksi aikaa. Olin kaiken kukkuraksi ajatellut vaihtaa asuntoa ja olinkin etsiskellyt sopivaa huoneistoa aktiivisesti. Haku tuotti lopulta tulosta ja jätin helmikuun loppupuolella hakemuksen asunnosta, joka sai sydämeni laulamaan ilosta. Pian saisin tietää, oliko minua onnistanut asunnon suhteen.

Kevättalven puolelle siirryttyämme päätin jälleen eräänä maaliskuisena päivänä suunnata lumikengillä kohti läheistä vaaraa. Sääennuste oli luvannut pientä lumisadetta, mutta tuona sunnuntaina pilvet olivat väistyneet jo heti aamutuimaan, eikä keskipäivän tienoilla näkynyt taivaankannella enää muuta kuin pelkkää vaaleaa sineä ja helottava Aurinko. Siis ihanteellinen ilma ulkoilla. Pakkasin jälleen mukaani kameran, jos sille löytyisi käyttöä vaikka maisemakuvauksen muodossa. Mietin myös joutsenen sanoja ja sitä, mitä salaisuutta ilves mahtoikaan vaaralla vartioida.

Tällä kertaa vaara oli lähes tyhjä ulkoilijoista, mitä hieman ihmettelin, mutta toisaalta nautin tilaisuudesta tutustua vaaranlakeen tarkemmin, kun muita ei ollut paikalla. Otin kamerallani kuvia monesta eri suunnasta. Etelärinteen suuntaan kulkiessani huomasin jälleen ilveksen jälkiä yöllä sataneella lumella. Pysähdyin paikalleni ja katsoin kauas. Mäntyjen keskelle oli jäänyt aukko, josta paljastui toisen vaaran huippu, joka tuntui erityisen houkuttelevalta. Päätin varmuuden vuoksi ottaa muutaman kuvan tuosta mystisen oloisesta vaarasta, mutta ihmeellistä kyllä, en edes tiennyt kyseisen paikan nimeä. Ihailin maisemaa iltapäivän lämpimässä Auringossa. Nojailin ikivanhaan käppyrämäntyyn, joka yhtäkkiä sanoi minulle:

TÄMÄ ON IKIAIKAISTA ALUETTA. SAAT OTTAA OKSASTANI KÄVYN, JOHON KAIKKI TIETO ON TALLENTUNUT. JOS SIITÄ ON SINULLE APUA MUISTAMISESSA, KUN MINUSTA AIKA JÄTTÄÄ. HYVÄÄ MATKAA RAKAS KUNINGATAR.

Tämän sanottuaan mäntyvanhus pudotti oksastaan pikkuruisen kävyn lumihangelle, josta nostin sen varovasti ja laitoin huolellisesti reppuuni talteen. Kiitin häntä kaikesta, mitä hän sitten ikinä tarkoittikaan. Silloin en todellakaan voinut kuvitella, että kun seuraavan kerran kävin tapaamassa mäntyvanhusta, tämä oli jo heittänyt henkensä.

Päästessäni vaaran alarinteelle, istahdin pienen ja lähes jäästä sulaneen kannon nokkaan. Nostin pipon reunusta ylöspäin ja annoin kultaisen Auringon säteillä ulkoilusta punertuneille kasvoilleni. Kyllä elämä oli sitten ihanaa juuri tällaisina päivinä! Kaivoin repustani esille kameran ja selailin huipulla ottamiani kuvia hetken aikaa. Innostuin kuitenkin valonsäteiden leikistä pohjoisten mäntyjen lomassa niin paljon, että minun oli aivan pakko räpsiä vielä muutama kuva lisää kokoelmaani. Ylivalottuneita niistä herkästi tahtoi tuollaisella säällä tulla, mutta taisi siellä olla muutama ihan kelvollinenkin otos joukossa.

Loppupäivä ja ilta sujui nopeasti, sillä päätin vielä touhuta kotona kaikenlaista: pyykinpesua, siivousta ja ruuanlaittoa. Nukkumaan menin hyvillä mielin päivän tapahtumista. Unikin tuli heti kerralla, kun takana oli paljon liikuntaa ja raitista ilmaa. Yöllä kuljin jälleen kohti joenrantaa, jossa joutsen jo poikkeuksellisesti odotti minua.

*- Rakas Kuningatar. Ihmettelet varmasti, kun odotin jo sinua tulevaksi. Syy on siinä, että tahdon näyttää sinulle pienen pätkän menneisyydestä, joten tule luokseni aivan rantaan ja katsele vedenpintaan.*

Aurinko pysytteli tällä kertaa visusti erittäin paksun usvan takana, jotta säteet eivät olisi liikaa häikäisseet silmiäni. Katsoin veteen ja yhtäkkiä siihen alkoi ilmestyä kuvia, joita en aluksi meinannut ymmärtää ollenkaan.

*- Kuvat ovat tapahtumia hyvin kaukaa menneestä. Tuo nainen tuossa kaksikymmentä metriä korkeassa temppelissä olet sinä. Olet Atlantiksen, vuonna 2500 eKr. tuhoutuneen paratiisinomaisen saaren Ylipapitar.*

Temppelin keskellä näkyi olevan valtava kristallipallo, jonka halkaisija oli metrin verran. Kristallin yläpuolella temppelin katossa oli pyöreä aukko, josta täydenkuun

70

valo leijui kohtaamaan pallon kirkkaan, mutta tyynen pinnan. Vain minulla oli pääsy siihen paikkaan. Täydenkuun aikaan latasin temppelissä kristallin läheisyydessä himmeän kuukiveni, josta sain voimaa työhöni muina päivinä. Atlantiksen viidellä muulla papittarella oli myös omat temppelinsä, joissa he työskentelivät ja tietysti latasivat kuukivensä.

*- Kuningatar. Tässä itket hyvin vuolaasti, koska tiedät lataavasi kuukiven viimeistä kertaa. Tämä kiven lataus täydenkuun valossa temppelin kristallin päällä oli teille hyvin pyhä rituaali, koska Kuu symboloi naisellista energiaa ja antoi nimenomaan naisille tarvittavan voiman toteuttaa feminiinistä tehtäväänsä Maassa. Kuukivi osasi varastoida tuon energian, jota te pystyitte käyttämään kaikessa ihmiseen ja ympäristöön liittyvässä auttamistyössä Atlantiksellakin. Naisellinen energia on maallista ja säilyttävää, miehinen energia tulee Auringosta ja on luonteeltaan dynaamista, uutta luovaa. Naisen munasolu muistuttaa muodoltaan Maapalloa ja miehen siittiö meteoriittia, joka tuo Maahan taivaallisen aineksen, sielun. Naisellinen energia pystyy kasvattamaan maallisen ruumiin*

*ihmissuvun jatkamista varten, miehen tehtävänä on tuoda itsensä kautta sielu, joka luo syntyvälle keholle tämän tarvitseman persoonan. Jatketaan tästä tilanteesta, jonka nyt näet vedenpinnasta. Rukoilet Luojalta pelastusta, mutta ihmiset olivat muuttuneet liian julmiksi ja itsekkäiksi, jotta sellainen olisi ollut mahdollista. Vain sinä ja viisi muuta tiesitte, mitä tuli tapahtumaan: koko Atlantiksen saarikunta asukkaineen tulisi uppoamaan seuraavana aamuna. Teidän olisi kiivettävä korkealle mäelle hautaamaan sydänkorunne, joissa lepäsi kaikki tieto Atlantiksesta. Ette tietystikään voineet kertoa asiasta kenellekään ja se teki olonne hyvin tukalaksi ja melkein sietämättömäksi kestää. Tuhopäivän aamun valjettua lähditte vaivihkaa kulkemaan kohti kunnan korkeinta huippua. Ihmiset jäivät täysin tietämättöminä puuhailemaan kuka mitäkin. Yleensä meno oli varsin irstasta ja villiä. Kun pääsitte huipulle, näitte miten sillat alkoivat peittyä vedestä niin nopeasti, että kukaan ei ehtinyt edes huomata mitään epätavallista tapahtuvan. Se oli erittäin nopea kuolema, kivutonkin hyvin monen kohdalla. Veden alle jäivät kaikki muut paitsi te kuusi papitarta. Jumalan palvelijoina olitte välittäneet jumalallista sanomaa ja huoltanne saaren moraalisesta, henkisestä ja fyysisestä rappeutumisesta, mutta ihmiset eivät enää jossain vaiheessa uskoneet puheitanne juuri mistään. Mielenkiintoista on, että Atlantiksella hoidit ihmisiä samantyyppisellä laitteella kuin millä nytkin hoidat omassa yrityksessäsi.*

*Korkealla mäen huipulla olitte yhteensä kolme päivää ja kolme yötä, minkä jälkeen vesi laski hieman, jotta pääsitte uimaan keskustemppelin luo. Lähetitte sieltä urheimman tietämänne kyyhkyn viemään mukanaan viestin, että olitte jääneet veden vangiksi ja että hirveä tuho oli nyt tapahtunut.*

*Kun Jumala oli vahvistanut teille papittarille tiedon tulevasta tuhosta joitain viikkoja aiemmin, olitte salaa yhdessä viestittäneet asiasta Korkean Tiedon Papeille, jotka asuivat temppelissä kaukana Tiibetin vuorilla. Uljaat Papit vastasivat teille oitis ja olivat jo tuolloin luvanneet lähteä teitä vastaan, sillä tuhon tarkkaa ajankohtaa ette voineet silloin vielä tietää ja koska matka oli niin pitkä, he katsoivat parhaimmaksi lähteä heti matkaan. Olitte kertoneet viestissänne lähettävänne vielä jonkin konkreettisen merkin, kun tuho oli tapahtunut. Siksi teidän täytyi uida keskustemppelille, josta te haitte sukeltamalla vesitiiviin arkun. Siihen oli piilotettuna kirje, jossa kerrottiin tuhon tapahtuneen ja että odotitte apua saapuvaksi.*

*Jo vuorokauden kuluttua kyyhkyn lähdettyä matkaan näitte, miten kuusi ratsukon tapaista lähestyi temppeliänne, jonka katolla edelleenkin seisoitte odottamassa. Kuusi miestä tuli pelastamaan teidät veden valtaan jääneeltä saarelta. Hyppäsitte kukin yhden ratsukon kyytiin ja suuntasitte matkanne kohti Tiibetiä, jonne jäitte asumaan ja kunkin pelastajasta tuli miehenne, aviopuolisonne. Veitte mukananne myös kuukivenne, jotka ovat edelleenkin säilössä tuossa samassa temppelissä, johon asetuitte asumaan Korkean Tiedon Pappien kanssa. Yhteisönne elo oli varsin harmonista ja onnellista: piditte yhdessä huolta niin maallisista kuin taivaallisista menoista. Rakas Kuningatar, olit erittäin onnellinen miehesi kanssa. Osa pariskunnista sai lapsia ja siellä olitte te, suomalaisten kantaisät ja -äidit. Kun olot kohentuivat Suomessa Atlantiksenkin seuduilla, perinnetieto tuosta kauniista*

74

*saaresta veti jälkeläisten jälkeläisiänne puoleensa ja he suuntasivat aikanaan takaisin kohti Suomea. Useat asettuivat aluksi Hämeeseen.*

*Atlantiksen tiedon, jota kannoitte saarella sydänkoruissanne, jouduitte siis hautaamaan Äiti Maan tietopankkiin mäen huipulle syvälle maahan. Rakas Kuningatar. Olet nytkin usein vieraillut tuolla mäellä, viimeksi eilen. Tuo merestä kohonnut vaara on se sama mäki, jolla olitte paossa tulvaa hyvin, hyvin kauan sitten. Vaaralla sijaitsevaa Atlantiksen salaisuutta vartioi tuo pitkään ihailemasi ilves ja vanha mänty tiesi tismalleen, mitä tehdä, kun antoi sinulle kävyn muistoksi. Ja vielä yksi asia: Tiibetissä kirjoitit kirjan Atlantiksen vaiheista sekä historiasta ja kyseinen opus on edelleen Tiibetissä temppelissä pappien huolellisesti vartioimana. He voivat antaa sieltä näytteitä koko maailman ihmisille luettavaksi, jos haluavat. Suomalaiset ovat tällä hetkellä maailmalle velkaa sen, minkä tuhosivat Atlantiksella eli luonnon ja ihmisyyden. Siksi on suomalaisten – ja aivan erityisesti suomalaisten miesten - jumalallinen velvollisuus olla muistamassa tuo atlantislainen hyvä tieto ja auttaa sillä koko*

*Maapalloa. Sinun tehtäväsi, Kuningatar, on tällä kertaa kertoa suomalaisille, keitä he ovat, kun viimeksi et voinut kertoa tulevasta tuhosta kenellekään. Atlantis oli erittäin kehittynyt monella eri osa-alueella ja se oli parhaina aikoinaan erityisen tunnettu rauhanomaisesta elostaan ja teknologiastaan, jota hyödynnettiin niin ihmisten parantamisessa, tähtitieteessä kuin yhdyskuntatekniikassakin sekä monessa, monessa muussakin asiassa. Näillä alueilla suomalaisilla onkin mahdollisuus vaikuttaa koko Maapalloon parantavasti. Tiedän, että tämän lukeminen saattaa nostaa joillain muistoja ja tunteita pintaan – hyvä niin.*

Tämän jälkeen joutsen lopetti kertomansa. Hetken päästä se nousi jaloilleen ja lähti kiihdyttäen juoksemaan tummaa vedenpintaa pitkin. Aurinko kuulsi kultaisena taustalla ja usva oli huomaamatta hälvennyt. Joutsen levitti valtavat enkelin siipensä, räpäytti niitä pari kertaa voimakkaasti ja nousi sitten kevyeen lentoon kohti valoa. En malttanut lähteä rannasta, vaan käperryin polvilleni maahan ja itkin niin vuolaasti, että jossain vaiheessa kyyneleitä ei vain enää tullut, vaikka kuinka yritin. Jäin kuin kaikkeni menettäneenä maahan

76

makaamaan, enkä olisi millään tahtonut palata takaisin kehooni, vaikka tiesinkin velvollisuuksieni jälleen kutsuvan seuraavana päivänä.

Seuraavana aamuna en herännyt herätyskellon soittoon. Uneni tapahtumat olivat saaneet minut täysin tolaltani katkerine muistoineen, eikä minua saanut pois unien maailmasta ennen kuin olin viimeinkin herännyt rannalla ja kävellyt takaisin polkua pitkin ylös takaisin nukkuvan kehoni luo. Avasin silmäni vasta lähempänä puoltapäivää. Minulla olisi ollut sinä päivänä asiakaskäynti. Voi että, miten oma elämä voikin mennä sekaisin näiden kosmisten asioiden vuoksi. Kun ei vain voinut suorittaa päätehtäväänsä, vaan piti elää kuten toisetkin ihmiset elivät. En muista kotiplaneetallakaan olleen näin hankalaa kuin mitä Maassa oli.

Tajutessani, mitä oli tapahtunut, nousin välittömästi sängystä ja riensin soittamaan asiakkaalleni pahoitellen tilannetta. Onneksi asiakas oli myötämielinen, eikä uuden ajan varaamisessa ollut sittenkään mitään ongelmaa, vaikka alunperin ajattelin, että toista kertaa voisi olla vaikea sopia tällaisen kömmähdyksen jälkeen.

Tietyissä asioissa en voinut päästää itseäni helpolla ja tuudittautua ajatukseen, että tämä on inhimillistä. Ei. Takaraivossani kyti tieto jostain suuremmasta, jossa en vain voisi epäonnistua. Odotukset etenkin itseäni kohtaan olivat todella korkealla ja niitä korottivat entisestään edellisen yön muistelmat Atlantiksen uppoamisesta. Mitenköhän suomalaiset suhtautuisivat tuohon tietoon? Olin vieläkin aivan häkellyksissäni siitä tiedosta, että vaara, jolla olin aina rakastanut liikkua, olikin minulle tuttu jo kaukaa menneisyydestä!

Sain yllättävänkin reippaasti kirjoitettua edellisen yön tapahtumat ylös, eikä kyyneleitäkään virrannut päivämaailmassa sillä kertaa. Uni oli siis tehnyt tehtävänsä. Yksi asia kuitenkin vaivasi mieltäni: kuka oli tuo mies, joka minut pelasti Atlantikselta ja oliko hän kenties tällä hetkellä myös Maassa?

LUKU 7

Toukokuussa vapun jälkeen järjestimme ystävien kesken uudessa asunnossani sekä tupaantuliaiset että kevään vastaanottajaiset. Olin kuin olinkin saanut suuresti ihailemani asunnon itselleni ja pääsin nyt järjestämään siellä ensimmäisiä juhlia. Lumi oli sulanut jo edelliskuussa ja vieressä vuolaana virtaavan joen tulva oli alkanut laskea. Pilvettöminä päivinä olo tuntui paikoitellen jopa tukalalta, kun Aurinko poltti vaatekerroksen läpi aiheuttaen ihon punoitusta ja kuumotusta. Ei se Aurinko aiempina keväinä noin voimakas ollut ollut.

Kaikki vieraani kehuivat uutta asuinpaikkaani ihanaksi ja kuulemma halusivat viettää siellä vielä monta iltaa yhdessä nauttien hyvästä tarjoilusta sekä ihastellen viereisiä joki- ja vaaramaisemia. Kotijuhlien jälkeen päätimme lähteä vielä kaupungin keskustaan, jossa paikallinen bändi soittaisi lähempänä puoltayötä. Otimme kimppataksin ja suuntasimme kohti kaupungin suosittua illanviettopaikkaa, Karusellia.

Yökerho oli tupaten täynnä. Musiikki universaalina kielenä yhdisti kaikkia sukupuoleen, kansallisuuteen tai ikään katsomatta. Suuntasimme Pihlan ja Väinön kanssa salin sivulle, jossa näkyi olevan enää yksi tyhjä pöytä arvatenkin juuri meitä varten jäljellä. Olimme tunteneet toisemme jo yli kymmenen vuoden ajan, joten pystyimme puhumaan toisillemme kuin sisaruksille. Tilasimme muutaman drinkin, nauroimme sen hetkisille vaikeuksillemme ja siirryimme viimein lähemmäs lavaa, sillä bändi oli niillä hetkillä aloittamassa soittamisen. Juuri ennen kuin ensimmäisen kappaleen elämänmakuiset soinnut sävähtivät ilmoille, tuntematon ja voimakas kämmen laskeutui oikealle hartialleni. Käännyin katsomaan, kuka minua nyt noin mahtoi tervehtiä. Käsi kuului miehelle, joka oli minua vain hieman pidempi, tummahiuksinen mutta selvästi itseäni vanhempi. Olin nähnyt hänet usein ohimennen lenkilläni.

- Hei, olen Kerkko, mies nosti kämmenensä hartialtani ja ojensi sen kätelläkseen.
- Linnea, vastasin hämmentyneenä ja kättelin hieman epävarman oloisesti.

- Tässä. Parempi, että juttelemme jossain rauhallisemmassa paikassa.

Mies ojensi minulle pienen kuittilapun, jonka taakse hän oli kirjoittanut puhelinnumeronsa ja nimensä. Sen jälkeen mies poistui yökerhosta, enkä nähnyt häntä enää sen koommin sinä iltana. Mieleeni nousi epäilyttäviä ajatuksia tuosta miehestä. Mitä hän tahtoi minulle kertoa ja minkälaisin aikein hän oli liikkeellä? Pihla ja Väinö olivat uppotuneet bändin keikkaan, eivätkä he lainkaan huomanneet oudon miehen lähestyneen minua, joten en heitä sen enempää halunnut asialla vaivata. Sen verran minua kylmäsi kuitenkin, että pyysin ystäväni luokseni yöksi. Pihla ja Väinö olivat pariskunta, joten he saivat nukkua vierassängyssäni.

Seuraavana päivänä, kun olimme nukkuneet pitkään, nauttineet aamupalasta ja kauniin keväisistä jokimaisemista, kerroin vihdoin ja viimein ystävilleni edellisiltaisesta kohtaamisesta tumman miehen kanssa.

- Et kai sinä tosissasi aio soittaa hänelle?, Pihla kysyi järkyttyneen oloisena.

Väinökin kehotti minua miettimään hetken, ennen kuin antaisin uteliaisuudelleni periksi, mutta sitten lopulta kuitenkin toivotti minulle onnea matkaan. Saattelin heidät taksiin ja palasin sisälle asuntooni. Kaivoin käsilaukkuni pohjalta Karusellin kuitin, johon mies oli kirjoittanut tikkukirjaimin nimensä. Mietin hetken, mutta mieltäni vaivasi suunnaton uteliaisuus. Ja eihän nyt puhelinsoitossa mitään vaarallista voisi olla! Näppäilin lapussa lukevan numeron puhelimeeni ja päätin uskaltaa selvittää, mitä mies halusi minulle sanoa.

- Kerkko, matala miesääni vastasi.
- Hei, täällä Linnea. Muistat varmaan, kun eilen tapasimme Karusellissa ja annoit minulle numerosi. Kerroit haluavasi jutella kanssani jostain.

Puhelimessa oli hetken hiljaista, kunnes mies jatkoi.
- Näin on. Itse asiassa minun pitäisi tunnustaa eräs asia ja samalla kiittää sinua.

Säikähdin.

- Kiittää! Mistä hyvästä? Ja mitä sinun pitäisi tunnustaa?, huudahdin ja yllätin itsenikin pelokkaan ääneni esiintulosta.

- Haluaisin kiittää sinua siitä, että mitään vahinkoa ei ole tapahtunut. Tästä voisi olla helpompi jutella kasvotusten. Suostuisitko tapaamaan minut tänään vaikka kaupungilla?

- Kyllä se sopii, vastasin miettimättä lainkaan sen tarkemmin vastaustani, sillä minun oli saatava tietää, mitä mies oikein tarkoitti.

- Hienoa, sopisiko Lappi-kahvilassa tuossa kolmen aikaan?, Kerkko kysyi oudon huojentuneesti.

- Kyllä se sopii, nähdään siellä silloin!

Aikaa tapaamiseen oli siis reilu tunti. Laittauduin nopeasti ja lähdin polkemaan kohti keskustaa. Lappi-kahvilassa oli hiljaista mutta kuitenkin sisällä oli mukava tunnelma: rento ja avoin. Istahdin ikkunapöytään odottamaan Kerkon saapumista. Minua jännitti ja ehkä siitä syystä en osannut olla aloillani, vaan hain itselleni kupin kahvia ja viereisestä pöydästä päivän lehden. Ehdin silmäillä yhden kokonaisen sivun, kun huomasin kahvilan ovesta astuvan sisään tumman ja raamikkaan miehen. Se oli hän. Mies huomasi minut oitis ja hänen kasvoilleen tulvahti loistelias valo. Hänen siniset silmänsä kertoivat minulle, että tapaaminen oli hänelle miellyttävä.

- Hei Linnea, Kerkko tervehti lämpimän oloisesti.
- Hei vaan, vastasin ja nousin seisomaan tervehtiäkseni uudelleen käsipäivää.

Miehen käsi tuntui karhealta ja erilaiselta kuin eilen illalla Karusellissa. Ehkä jo jonkinasteinen tutustuminen vaikutti siihen, että mielikuvitukseni ei laukannut enää niin lujaa tai sitten todellakin jotain oli tapahtunut viime yön ja tämän iltapäivän välisenä aikana. Keskustelimme aluksi niitä näitä ja totesimme tavanneemme toisemme useinkin lenkkireittini varrella, sillä tuo reitti oli hyvin yleinen liikuntaväylä monellekin kuntoilijalle. Lenkkeilystä puhuttaessa Kerkko vakavoitui.

- Haluaisin sanoa sinulle jotain, mutta toivon, ettet suutu minulle, Kerkko sanoi hiljaa.
- No, mistä mielestäsi voisin suuttua, kun en edes tunne sinua?, kysyin.

84

- Linnea, minä olen paha ihminen.

- Kuinka niin?, hämmästelin Kerkon tunnustusta.

- Tiedätköhän edes, että…

Seurasi pitkä hiljaisuus, jonka aikana mies vaipui ajatuksiinsa ja hänen silmiinsä tuli outo katse, aivan kuin ne olisivat olleet haltioutuneet tai lumoutuneet jostain. Sitten hän jatkoi.

- Linnea. Minä olen yrittänyt vanhingoittaa sinua viime syksynä lenkillä ollessasi. Vanha mies uskotteli minulle sinun olevan paha ihminen, joka toisi sekasortoa Maahan.

Hengitykseni salpautui ja minun täytyi nousta seisomaan, jotta pystyin rauhoittumaan. Sydämeni tuntui aluksi jättäneen lyönnin välistä, mutta säikähdyksen jälkeen se alkoikin lyödä vimmattua tahtia. En saanut järkytykseltäni sanaakaan suustani. Istuin vastapäätä ihmistä, joka oli aiemmin yrittänyt vahingoittaa minua! Hetken kuluttua rohkenin kuitenkin kysyä lisää.

- Tiedätkö puolestasi Kerkko, että minä tiesin tuon, että minua yritettiin vahingoittaa, mutta sain tehtyä hyvän harhautuksen, eikä mitään sitten tapahtunutkaan. Mutta kuinka sinä menit sellaista uskomaan joltain, joka ei edes tunne minua?

- Niin, Kerkko vastasi ja painoi päänsä alas.

- En tiedä, mitä siinä tapahtui, mutta hän ikään kuin sai minut outoon unenomaiseen tilaan, jossa hän pystyi ohjailemaan käyttäytymistäni. Tätä on vaikeaa selittää. Sinä iltana, kun välikohtauksen olisi pitänyt tapahtua ja en sitten löytänytkään sinua lenkiltä, niin aivan kuin heräsin tuosta unesta, hän jatkoi.

Mietin hetken Kerkon sanoja ja muistin sitten hämähäkin sanoneen, että vanha mies oli lumonnut joitain ihmisiä. Aloin uskoa Kerkkoa.

- Kuinka tapasit tuon vanhan miehen?, kysyin.

- Aivan sattumalta kaupungilla.

- Linnea voinko saada sinulta anteeksi? Olet todella mukava ihminen, enkä haluaisi sinua oikeasti vahingoittaa.

Anteeksipyyntö oli todella koskettava ja se tuntui tulleen suoraan sydämestä.


- Tietenkin. Ja kuten itsekin sanoit, mitään ei tapahtunut, vaan kaikki onneksi jäi vain suunnitelman asteelle. Kiitos, kun kerroit minulle.
- Juodaanko sovinnon päälle vielä yhdet kupilliset?, Kerkko naurahti. Voin tarjota!
- Ilman muuta juodaan, vastasin.


Astelimme kahden tunnin keskustelun ja kahvittelun jälkeen ulos kahvilasta varsin hyvässä hengessä. Omakin olo tuntui levolliselta, kun olin saanut vastauksia ja varmistuksia asioille, joille ei muuten tuntunut löytyvän minkäänlaista järjellistä selitystä. Yllättäen Kerkko kuitenkin kysyi minulta:


- Lähtisitkö huomenna kanssani autoajelulle, jotta voisimme jutella vielä vähän?
- No, mikäs siinä, vastasin.
- Sopiiko vaikka iltakuudelta?, Kerkko jatkoi. Jos tulisit tähän keskustaan, niin haen sinut täältä.
- Kyllä se sopii, nähdään huomenna!

Avasin yksivaihteisen polkupyöräni lukon, hyppäsin sen leveään satulaan ja karautin sillä pienen lenkin siltojen ympäri ennen kuin palasin takaisin kotiin.

Seuraavana päivänä odotin malttamattomana Kerkkoa, vaikka kello oli vasta varttia vaille kuusi. En ollut pystynyt keskittymään sen päivän töihinkään kunnolla, sillä vatsanpohjaani kutkutti tavata Kerkko jälleen, vaikka tiesinkin seikkailevani kyseenalaisilla vesillä ja jopa vaarallisilla sellaisilla. Kieltämättä hänessä oli jotain omituisen tuttua ollut aina, vaikka olinkin nähnyt häntä lähinnä vain liikunnallisten harrastuksieni yhteydessä. Olin jättänyt pyöräni jälleen Lappi-kahvilan eteen ja siitä Kerkko tulisi pian hakemaan minut.

Viiden minuutin kuluttua Kerkko saapui näyttävästi tummansinisellä amerikanraudallaan ja huikkasi ratin takaa tervehdykseksi. Kävelin vänkärin puolelle, avasin oven ja hyppäsin jännittyneenä auton kyytiin.
- Hei Kerkko! Vieläkö haluat viedä minut ajelulle?, kysyin ilkikurinen virne kasvoillani.
- Hei, tietenkin haluan!, Kerkko vastasi nauraen iloisesti. Lähdetäänkö käymään tuolla rannalla?

- Mennään vain!

Kerkko painoi kaasua ja amerikanrauta lähti vingahtaen liikkeelle. Ajoimme joenrantaan viiden kilometrin päähän kaupungin keskustasta. Kevättulva oli jo ohitse, eikä missään näkynyt enää jälkeäkään suurista jäälautoista tai ajelehtivista tavaroista, joita joen jäälle saattoi monesti talvella jäädä. Ranta toimi kesällä yleisenä uimarantana. Kerkko ajoi niin lähelle vettä kuin vain mahdollista. Juuri, kun aloin kertoa, miten ihania nämä maisemat olivatkaan, huomasin Kerkon silmien muuttuneen kokonaan vihreiksi ja niitä reunustivat paksut mustat rajat. Hänen silmiinsä oli tullut erikoinen katse, aivan kuin niissä olisi ollut voimaa enemmän.

- Tiedätkö Kerkko... Sinun silmäsi näyttävät varsin omituisilta. Täysin vihreiltä ja jotenkin... erilaisilta.

Kerkko nyökkäsi.

- Sinä siis tiesit! Me olemme olleet ennenkin tämän joen rannalla! Olimme samaan aikaan Atlantiksella, muistatko?, kysyin.

- Muistan, mutta heikommin kuin sinä, Kerkko vastasi osittain selvästi hämmentyneenä tilanteesta.

Rehellisenä ihmisenä en voinut vältellä kertomasta totuutta siitä, miten Atlantikselle lopulta kävi.

- Kaikki tuhoutui. Jouduitte suuren tulvan valtaan, eikä mitään ollut tehtävissä. Minä ja viisi muuta papitarta selvisimme elossa kiipeämällä tuhopäivän aamuna saaren korkeimmalle mäelle. Sydäntämme raastoi katsella rakkaan Atlantiksen ja sen asukkaiden tuhoa, mutta emme voineet ylittää Jumalan tahtoa tässä asiassa. Atlantis oli Jumalan lahja meille, mutta useimmat eivät arvostaneet sitä, vaan alkoivat käyttää luonnonvaroja väärin tuhoten monia lajeja sukupuuttoon, ihmiset irstailivat milloin milläkin asialla ja saaresta oli muutenkin tullut epäpyhyyden kehto. Asiaa pahensi se, että ihmisillä oli täysi tietoisuus siitä, mitä tekivät, mutta koska he kokivat itsensä Jumalan kaltaiseksi voimineen, heistä tuli suuria egoisteja ja suuruudenhulluja.

- Uskomatonta, Kerkko sanoi ja huokaisi syvään.

- Annas, kun katson, kuiskasin ja vein oikean kämmeneni Kerkon rintakehän päälle.

- Tässä tuntuu olevan jonkinlainen tukos, sanoin.

- Uskon sen, sillä minulle on niin aiemminkin sanonut se vanha mies, josta puhuimme Lappi-kahvilassa.

- Aijaa, no mutta joka tapauksessa minusta tuntuu, että sinä olet saanut toisen mahdollisuuden nyt tähän elämään. Mahdollisuuden tehdä toisin kuin silloin. Vai mitä mieltä itse olet tällaisesta ajatuksesta?

- Voihan se olla mahdollista, mutta silti minusta tuntuu, että olen paha.

Välillemme laskeutui syvä hiljaisuus. Katselimme eteemme avautuvaa loppukeväistä joenvirtausta, joka aiemmin oli ollut osa Atlantista ja jonka vesi oli kerran huuhtonut alleen senkin rannan, jolla nyt olimme. Mitkään maailman sanat eivät olisi riittäneet kuvaamaan tuota tunnetta, joka siinä hetkessä nousi syvältä sydämestäni. Tuhon muisteleminen sai aikaan sydämessäni katkerien haavojen aukeamisen, eikä kyyneleillä olisi tuossa tilanteessa ollut sijaa, mutta en pystynyt estämäänkään niiden tuloa. Itkusta ei meinannut tulla loppua, mutta jokin tunne sisälläni tiesi, että ei ollut syytä huoleen, suru vain pitäisi surra. Pyyhin kyyneleeni puuvillakankaisen takkini hihaan.

- Uskon, että menneistä olisi tarkoitus oppia, sanoin ikään kuin yrittääkseni vakuuttaa Kerkko siitä, että tällä kertaa asiat voisivat olla toisin henkilökohtaisella tasolla.

- Niin, Kerkko mumisi ollen kuitenkin edelleen siinä uskossa, että hän oli paha ihminen ja sillä selvä.

- Oletko siis sitä mieltä, että meidän ei kannata enää tavata?, kysyin.

- Se voi olla aivan viisasta, Kerkko vastasi ja käynnisti auton.

- Vienkö sinut nyt takaisin keskustaan?, Kerkko kysyi vaimeasti.

- Vie vain.


Toivoin, että Kerkko olisi ajomatkan aikana muuttanut mieltään, mutta nähtävästi jokin oli liikaa hänelle. Atlantis? Vanha mies ja hänen valheensa? Jokin muu? Hyvästelimme toisemme Lappi-kahvilan edessä, jossa uskollinen pyöräni jo odotti minua. Katselin, kun Kerkko katosi toukokuiseen iltaan amerikanraudan pärinän säestämänä. Vanha mies oli uskotellut Kerkolle vaikka mitä valetta minusta, mutta nyt ainakin hänen puheensa oli osoitettu vääriksi. Hyppäsin pyörän satulaan ja tein sillä jälleen pienen lenkin siltojen ympäri. Pääsin kotiin juuri ja juuri ennen kuin alkoi sataa kaatamalla.

LUKU 8

Aika kului ja kevät kääntyi edelleen kesäksi. Aurinko paistoi kuumempana kuin koskaan ja sai kodinkin sisäilman muistuttamaan lähinnä saunan kosteaa ja polttavaa höyryä. Eräänä heinäkuisena aamuna huonosti nukutun yön jäljiltä sain päähäni katsoa, paljonko painoni oli sillä hetkellä. En ollut käynyt vaa'alla puoleen vuoteen. Nostin vaatekaapista digitaalisen puntarin lattialle ja astuin sen päälle. Hyvänen aika! Painoni oli noussut lähemmäs kymmenen kiloa! Tarkoittiko tämä nyt todellista lihomista vai sitä, että minun pitäisi aloittaa joutsenen välittämien asioiden kertominen ihmisille? Koska en ollut muuttanut elintapojani; söin terveellisesti ja liikuin aina omin voimin, päättelin painonnousun olevan merkki siitä, että varsinainen kirjoitustyö tulisi viimeinkin aloittaa. Mutta miten ihmeessä tekisin sen? Sitä pitäisi nyt alkaa miettiä ihan toden teolla.

Edellisyön nukkumista ei häirinnyt yksinomaan valon määrä ja kuumuus. En nimittäin ollut yksin asunnossani, sillä talon vakiohenkilöstöön kuului ikuisesti vartija ja suojelija, kummitus nimeltä Helmet, jonka kanssa olimme tutustuneet toisiimme noiden ensimmäisten asuinkuukausien aikana. Helmet oli aikoinaan elänyt miehenä Hollannissa, mutta ihmiselämänsä kuoleman jälkeen muuttanut töihin tälle alueelle henkikehossaan. Helmet oli hoikka ja hänen päänsä muoto muistutti ylösalaisin olevaa suurta pisaraa. Kummitus oli mukava, mikäli alueella osattiin käyttäytyä rakastavasti ja kunnioittavasti kaikkia kohtaan. Vastaavanlaisia alueita ja Helmetin kaltaisia vartijoita oli eri puolilla Maapalloa, eikä näitä henkiä tarvinnut koskaan pelätä, mikäli itse oli puhdas motiiveiltaan ja siten piti omalta osaltaan yllä alueen korkeaa Rakkauden energiaa.

Helmet oli kertonut edellisenä iltana toivovansa apua minulta. Kosmisen Pahan henkikätyrit olivat päässeet vuosia sitten piha-alueelle tekemään tuhojaan lähinnä alueen energeettiselle hyvinvoinnille ja sitä kautta myös talolle ja siinä asuville ihmisille. Viimeisimpänä vitsauksena oli vuotavat vesiputket ja kaikkea muutakin elämää hankaloittavaa pulmaa kuten sairastumisia. Itsekin olin saanut niin pahan yskän, että minulta oli murtunut seitsemän kylkiluuta; viisi vasemmalta ja kaksi oikealta puolelta. Tämä onnettomuus oli kohdallani kuitenkin jo parantunut ja talon viat korjattu, mutta siellä se edelleen oli odottamassa seuraavaa epäonnista tapahtumaa. Pahat Henget oli kuitenkin saatu saarroksiin maan multaan ja olin saanut ne häädettyä käskyllä jo aiemmin keväällä, mutta Kosminen Paha ei halunnut luovuttaa kuin ainoastaan siinä tapauksessa, että Kuningatar löytää pimeyden merkin ja tuhoaa sen. Mietin, täytyikö minun alkaa kyntämään koko piha-alue vai mitä minun tulisi tehdä. Tajusin, että pihaa yleisesti hoitamalla se varmasti tulisi selviämään.

Niinpä ryhdyin tuumasta toimeen ja aloin helteen pusertamien hikipisaroiden keskellä siistiä upouusilla pensassaksillani pihan yleisilmettä poistamalla pystyyn kuivuneita ja kuolleita vadelmapensaiden oksia. Koko päivän työskentelyn jälkeen huomasin erään oksan kohdalla maassa mustan sulan. Silmäilin etsiskellen sen ympäristöä, mutta niin se vain näytti olevan ainoa musta sulka ja ylipäänsä ainoa sulka koko pihalla. Tätä Helmet siis oli tarkoittanut. Saattoihan se tosiaan olla vain jonkin variksen tai korpin sulkakin, mutta erikoiseksi asian teki se, että sulka oli varsin hyvässä kunnossa ja täysin pihan kasvillisuuden peittämä, että ainakaan kukaan ei sitä olisi pystynyt pelkällä pudottamisella sinne viemään.

Poimin vaivihkaa sulan talteen, sillä naapuritkin aina välillä katselivat, mitä touhusin. Toisaalta he olivat kyllä tottuneet näkemään minut pihatöissä, joten olisin melko varmasti saanut tehdä melko outojakin juttuja, eikä niitäkään olisi pidetty sen kummempina asioina kuin räkkää poroilla keskikesän tienoilla. Päätin samalla, että sinä iltana lämmittäisin saunan, sillä täytyihän nyt suomalaisen käydä kesähelteelläkin saunassa. Pelkkä löylyttely ei ollut sillä kertaa se pääasia, vaan aioin polttaa pikimustan sulan kiukaan tulipesässä, jotta konkreettinen Paha poistuisi. Tuli oli hyvä keino tuhota Pahuus, sillä tuli puhdisti satavarmasti. Tuon toimenpiteen jälkeen maa-alue, jolta sulan löysin ja jonka siis Kosminen Paha oli kironnut, pitäisi vielä siunata. Sen päätin tehdä niin, että ottaisin merisuolaa ja lausuisin itse keksimäni siunaussanat samalla, kun heittäisin suolakiteet maahan. Asioiden ja vaikka huono-onnisten esineidenkin siunaamisen pystyi tekemään periaatteessa kuka tahansa, sillä siihen riitti ainoastaan

96

vankka usko Luojaan ja Hyvyyteen. Sanoilla ei näissä asioissa ollut mitään väliä.

Talon sauna sijaitsi kellarikerroksessa, joka oli muutosta asti tuntunut oudon synkältä paikalta runsaslukuisine hämähäkkeineen ja ihmeellisen kylmine kohtineen. Helmetin mukaan kellarin oli vallannut Kosmisen Pahan henki eli demoni. Siellä se aina silloin tällöin halusikin tehdä kiusaa talon asukkaille. Kerran aiemmin saunareissulla olinkin sitten päättänyt häätää kyseisen kiusankappaleen kokonaan pois pyhätöstä. Ei ensimmäistä, eikä toistakaan käskyä se meinannut uskoa, vaan pamautteli ovia mennen tullen. Vasta kolmannella käskyllä se luovutti ja katosi lopullisesti kellarista. Mitähän se mahtaisi tuumia, kun pian polttaisin Kosmisen Pahan konkreettisesti ulos koko pihamaalta? Tulisiko se takaisin ja veisi koko mustan sulan itselleen, enkä koskaan pääsisi nauttimaan siitä tunteesta, että Kosminen Paha oli nujerrettu?

Lopetin moisten ajatusten viljelyn heti alkuunsa ja kävelin kellariin korillinen koivuhalkoja mukanani. Avasin 1950-luvulla rakennetun puisen löylyhuoneen oven, joka oli maalattu paksulla lumenvalkoisella maalilla ainakin viiteen kertaan niin, että melkein pystyin kuvittelemaan sinne jonkun haudatun. Asettelin tulipesään muutaman tikun ja tuohta. Kasan päälle laitoin lepäämään tuon sulan, joka nyt mitä ilmeisimmin oli lähtöisin mustan enkelin siivestä. Samassa sain päähäni, että mustia joutseniakin oli olemassa, ne tosin asustivat Maapallon eteläpuoliskolla. Ajatusleikki valkoisten ja mustien joutsenten kilpalennosta oli varsin pelottava, enkä lainkaan halunnut viedä sitä edes mielessäni sen pitemmälle.

Raapaisin tulitikkuaskin kylkeen ja sytytin tuohet palamaan. Liekki paloi muutaman sekunnin, kunnes takaani kävi kylmä tuulahdus ja puhalsi liekin sammuksiin. Minulle tuli kummallinen olo. Tuntui kuin joku olisi seisonut takanani, mutta tällä kertaa en kuullut mitään enkä edes nähnyt minkäänlaista hahmoa. Helmetkään se ei voinut olla, sillä sellaista pelottavaa tunnetta ei Helmetistä ikinä ollut tullut. Yritin uudestaan sytyttää tuohet palamaan, mutta jälleen tapahtui sama juttu. Joku todellakin seisoi takanani aivan hiljaa.

Laskin leuan rintaan ja painoin silmät kiinni ja rukoilin ääneen.

- Hyvä Luoja, auta minua voimallasi sytyttämään tämä tuli, jotta rovio voisi polttaa mustan sulan ja sitä kautta Kosmisen Pahan kauas tästä pihasta häiritsemästä elämäämme ja tehtäväämme.

Tunsin niskassani kylmän puhalluksen ja vihaisen katseen, joka vaikutti porautuvan suoraan takaraivooni. Sytytin tulen kolmannen kerran ja tuohet lähtivät heti kerralla palamaan huolimatta siitä, että tuo takanani mykkänä seisova viileä tyyppi yritti selvästi hönkiä tulipesää kohti. Palaminen ei kuitenkaan lähtenyt sujumaan täysin ilman tuskia silläkään kertaa, vaan periaatteessa täysin kuiva tikkukasa sähisi kuin vihainen kissa, eikä tuli tuntunut aluksi tarttuvan lainkaan mustaan sulkaan. Samalla se alkoi sylkeä tulipesästä pieniä kipinöitä. Pamautin luukun kiinni, minkä jälkeen pesästä alkoi kuulua sellainen pauke ja poksunta, että uudenvuoden ilotulituskin olisi jäänyt helposti toiseksi. Olin aivan kauhuissani, mutta toisaalta helpottunut, että olin vihdoin löytänyt syyn kaikille talossa tapahtuneille onnettomuuksille ja vielä saanut tulenkin syttymään -

Luojan avustuksella tosin mutta kuitenkin. Muutamaa hetkeä myöhemmin sinä kuumana kesäiltana saunoin hieman kuumemmin, eikä mikään olisi voinut saada hymyäni kääntymään kuunsirpistä tasakattoon.

LUKU 9

Päivän puuhastelut Pahan tuhoamisineen ja kuumuuksineen olivat selkeästi olleet mitä väsyttävimpiä asioita, joten nukuin seuraavana yönä jälleen yhtä sikeästi kuin karhu talvisilla unillaan. Päädyin unessani jälleen joenrantaan, mutta tällä kertaa vastaani ei uinutkaan yksi laulujoutsen vaan kaksi. Hämmästelin moista tapahtumaa ja mietin, mitä se mahtoi tarkoittaa.

*- Rakas Kuningatar. Meitä on nyt kaksi, kuten huomaat.*

Joutsenet taivuttivat pitkät valkeat kaulansa kohti vedenpintaa ja painoivat päänsä vastakkain osoittamaan syvää kunnioitusta toisiaan kohtaan. Yhdessä nuo kaksi joutsenkaulaa taipuivat kauniissa eleessään sydämen muotoon, mikä ei milloinkaan olisi ollut mahdollista ilman molempia osapuolia. Yksin olisi ollut vain sydämenpuolikas. Olin ihastuksesta täysin sanaton.

*- Näin on Kuningatar, että meille jokaiselle on se oikea kumppani jossain. Paha vain onnistuu usein estämään*

101

*sen toisen löytymisen tavalla tai toisella. Matkamme on harvoin viihtyisä ilman kumppania. Paha kyllä voi iskostaa ihmisten mieliin, että ei ansaitse kumppania tai että kukaan ei välitä ja siltä voi todella tuntua, mutta se ei ole totta. Jokainen ansaitsee kumppanin ja jokaiselle sellainen on myös olemassa jossain, jos ihminen näin haluaa. Te ihmiset tarvitsette yhteishenkeä nyt enemmän kuin koskaan.*

Joutsenen kumppani jäi tämän jälkeen hieman tuota puhuvaa joutsenta taaemmas, ja alkuperäinen viestintuoja jatkoi:

*- Rakas Kuningatar. Sinähän tiedät, että Aurinko on Jumalan symboli. Siksi Aurinko paistaa tälläkin hetkellä kauniisti tuon usvaverhon takaa ja myös siitä tiedät, että tämä on Luojan sanoma. Aurinko antaa elämän, mutta voi myös ottaa sen pois silloin, kun aika on täynnä. Ihminenkin syntyy ja kuolee suunnitelman mukaisesti, ellei Paha pääse siihen väliin vaikuttamaan. Asia on nyt niin, Kuningatar, että koska Luoja on huolissaan Pahan vallasta, Jumala aikoo tehdä tästä leikistä lopun näyttämällä oman voimansa. Aurinko*

*alkaa muutaman vuoden sisällä voimakkaasti laajentua ja aktivoitua, mikä johtaa lopulta Maapallon ja muiden planeettojen tuhoutumiseen palamalla. Kuten muistat, tuli puhdistaa ja niin Luoja aikoo nyt tehdä – puhdistaa Maa Pahasta. Jumala on valmis päättämään työnsä ja ottamaan Hyvät sielut asumaan uudelle planeetalle, josta ihmisillä ei tällä hetkellä ole vielä minkäänlaista tietoa. Uusi asuinpaikka on unelmien täyttymys, eikä siellä ole samalla tavalla Pahaa kuin Maapallolla. Kasvihuonepäästöt pitää rajoittaa minimiin, koska ne pahentavat lämpenemistä. Jatkossa kuuma ja helteinen sää yhdistettynä ilmansaasteisiin lisäävät äkkikuolemia dramaattisella tavalla. Vaikutus on nähtävissä jo nyt. Koska jäätiköt sulavat nopeasti, merenpinta nousee. Maapallolla on ihmisiä enemmän kuin koskaan aiemmin ja he ovat myös isokokoisempia kuin milloinkaan.*

Tämän jälkeen joutsenpariskunta ui rintarinnan kohti usvan takana häämöttävää kirkasta Aurinkoa. Jäin rannalle tuijottamaan suu auki äsken tapahtunutta. Vai meinasi Luoja nyt sitten päättää tämän "kierroksen". Mutta mitä joutsen tarkoitti Hyvillä sieluilla? Keitä he olivat ja miten heidät tultaisiin viemään uudelle planeetalle? Millainen oli tuo uusi planeetta?

Seuraavien viikkojen aikana yritin kirjoittaa joutsenen kertomia asioita jonkinmoisen tarinan muotoon. Maalailin lauseita, pyyhin pois ja vedin siveltimellä uudelleen. Melkoista sommittelua se kokemattomalta kirjoittajalta vaatikin. Vielä kuitenkin puuttuivat ne tiedot ja ohjeet, joiden avulla ihmiskunnan ”hyvikset” pelastettaisiin jatkamaan elämää uudelle planeetalle. Ihmiskunta olisi saatava pysäyttämään oman toimintansa seurauksena tullut kasvihuoneilmiö ja saasteet, jotka olivat jo pitkäänkin tuhonneet sekä ympäristön että ihmisen terveyttä. Aikaa ei ollut enää hetkeäkään hukattavaksi.

Kesä alkoi jälleen kääntyä kohti syksyä. Töiden jälkeen kauniina elokuisena iltana päätin lähteä käymään vauhdikkaalla pyörälenkillä ennen kuin illalla jälleen kävisin tekstini kimppuun. Kurvailin mummopyörälläni pitkin kaupungin teitä, eikä minulla ollut koskaan ollut vaikeuksia nauttia vauhdin hurmasta. Nousin mäkiä ja laskettelin ne alas varsin huimapäisesti. Saavuin lenkin viimeisen vaaran huipulle ja huokaisin syvään hengästymistäni. Tuntui hienolta saada etenkin ylämäissä syke kohoamaan ja hiki virtaamaan. Lähdin palauttelevasti rullaamaan huipulta alas kohti joenrantaa. Juuri hieman ennen rantaa pyörätie ylitti tienristeyksen ja yrittäessäni sen kohdalla hidastaa vauhtia tajusin, että jarrut eivät enää toimineet lainkaan. Joenranta lähestyi nopealla tahdilla ja se oli enää kahdenkymmenen metrin päässä. Nousin oikean jalkani varassa pyörän oikealle polkimelle ja vasemmalla jalalla toppuuttelin kuivaa asfalttia, jolloin sain pyöräni juuri ja juuri pysähtymään ennen sillankaidetta. Vasen polveni sanoi "ei kiitos" varsin rajulle toimenpiteelle, mutta en mahtanut asialle muutakaan, koska olisin muuten takuulla singonnut kaiteen yli jokeen. Ei siitä ajatuksesta sen enempää.

Kotiin ajelin sitten ihan vain hiljaa, enkä uskaltanut kertoa kenellekään, että itse asiassa jarrujen toimimattomuus tapahtui nyt jo toistamiseen hyvin lyhyen ajan sisään. Taisi olla edellisellä viikolla se ensimmäinen kerta. Olin saanut itse kuitenkin korjattua asian ja luulin, että homma oli kuta kuinkin kunnossa, vaan toisin kävi. Pohdin suihkussa, mikä tässä nyt mätti ja tajusin jälleen saman kuvion kuin mikä siinä mustan sulan sytyttämisessäkin oli ollut. Jos kolmannella kerrallakaan en olisi saanut tuolloin tulta sytytettyä, Paha olisi voittanut. Nyt minulla ei ollut enää varaa säästää jarrujen ammattimaisesta korjaamisesta, sillä silloin Paha voisi iskeä kolmannen kerran. Se olisi menoa. Kirjoitin samana iltana vielä muutaman sivun verran tekstiä kirjaani, mutta yhtä innokkaasti etsin myös hyvää pyöräkorjaamoa. Menin nukkumaan edelleenkin hieman säikähtäneenä mutta hyvilläni siitä, että ehdin ja kykenin itse pelastautumaan ennen kuin mitään vakavampaa ehti tapahtua. Onni oli taas mukana onnettomuudessa – tai paremminkin annoin kunnian pelastumisesta onnen sijaan suojelusenkeleilleni.

Yöllä olin jälleen joenrannassa. Kävelin tuttuun tapaan suurelle kivelle istumaan ja nostin arvokkaan kruunun hiuksilleni. Odottelin joutsenta, joka hieman viipyi tällä kertaa, sillä tavallisesti se oli pian saapumiseni jälkeen uinut luokseni ja viimeksi heitä olikin kaksi, pariskunta. Hetken kuluttua huomasin usvan seassa liikettä ja kiinnostuneena tarkkailin, mitä oikein oli tapahtumassa.

106

Olin todella ihmeissäni, sillä tällä kertaa joutsenia ei ollutkaan enää yksi tai kaksi vaan niitä oli kokonainen yhteisö! He kaikki uivat sanansaattajajoutsenen takana ja jäivät odottamaan, kun johtaja tuli luokseni tavalliseen tapaansa kertomaan Luojan viestiä.

*- Rakas Kuningatar. Näin meitä on nyt monta, kuten huomaat, mutta niin on teitäkin valon puolella kulkevia ihmisiä eri puolilla Maapalloa. Hyvät sielut ovat Luojaan uskovia ihmisiä. Tämä ei tarkoita mihinkään tiettyyn uskontoon kuulumista tai jonkin rituaalin mielipuolista toistamista, vaan aidosti oikeasti Jumalaan uskomista ja Hänen suunnitelmansa toteuttamista. Hyvä sielu on kotoisin Jumalasta ja jokaisella on olemassa sielun suunnitelmansa. Sairaudet ovatkin aina seurausta sielun suunnitelman vastustamisesta. Vaikeudet ja kehon fyysiset tai psyykkiset oireet kertovat, että jotain on pielessä suunnitelman toteutumisessa. Tähän eivät auta lääkkeet, vaan syvällinen pohdinta siitä, miten sillä hetkellä elää ja miten haluaisi elää. Huonoa oloa kannattaa kunnioittaa ja tehdä tarvittavat muutokset. Tekosyitä muutokselle löytyy vaikka kuinka paljon ja*

*palkintona siitä on mahdollinen sairaus tai jonkinlainen henkilökohtainen katastrofi. Luoja on suunnitellut Maapallon, joten kaikki lääkkeet, joita ihminenkin joskus tarvitsee, löytyvät luonnosta. Samoin luonnollinen ravinto on Luojan luomaa ja kaikki ruoka, joka on kasvanut Auringossa, on varastoinut itseensä Luojan energiaa. Tämä näkyy erivärisinä kasviksina, hedelminä ynnä muina. Puhdas vesi on puolestaan tämän jumalallisen valoenergian välittäjäaine, sillä puhdas ja terve vesi toimii kristallin tavoin hajottaen tuota valoenergiaa soluille. Jos vedellä ei olisi kristallin ominaisuuksia, ei sateenkaartakaan syntyisi. Tästä syystä vedellä on muisti ja tieto, millaista energiaa se on tänne tullut levittämään. Pahuuden edessä vesikristalli särkyy, eikä se silloin ole toimintakykyinen levittämään elintärkeää valoenergiaa. Tämä koskee niin nähtyä, maistettua, kuultua kuin tunnettuakin pahuutta eli aistit keräävät tietoa ympäristöstä ja sen energioista, jotka keho tunnistaa joko valoksi tai pimeydeksi. Fyysinen ja henkinen väkivalta, epämiellyttävän musiikin/puheen kuunteleminen ja epämieluisten asioiden katseleminen (kuten sotiminen/rikokset ym.) tuottavat huonoja seurauksia kaikille. Siksi pahaa oloa*

108

*kannattaa kunnioittaa ja pyrkiä hakeutumaan eroon siitä. Samoin, jos syö muuta kuin Luojan valoenergialla kyllästettyä ruokaa, kuten eineksiä, valkoista sokeria ja paljon tehotuotettua lihaa, veden kristalleilla ei ole juuri valoa käytettävänään. Keho alkaa kärsiä valon puutteesta ja lopulta sairastuu sitäkin kautta. Kehon chakrajärjestelmä puolestaan sisältää kaikki ne valontaajuudet, jotka ovat myös sateenkaaressa olemassa ja tietenkin samoina väreinä. Kukin chakra toimii omalla taajuudellaan. Chakrat tuovat keholle energiaa sielusta ja ne menevät tukkoon tai muuttavat kokoaan/muotoaan, jos elämän suunta tai asiat elämässä eivät ole kohdallaan. Ikään kuin sielu ei tue joitain tiettyjä ratkaisuja elämässäsi ja siksi keho voi sairastua tai kokea huonoa oloa, kuten esimerkiksi selittämätöntä kipua. Chakrat ovat pyöreänmuotoisia alati energiaa pyörittäviä voimalaitoksia, joiden fyysinen tehtävä on ensisijaisesti hormonien valmistaminen ja erittäminen. Tästä syystä hormonaalinen tasapaino on erittäin tärkeää, eikä sitä saisi mennä synteettisillä yhdisteillä sekoittamaan. Keskushermosto kehittyy alkiolla ihan ensimmäisenä, ja sielu ohjaa hänen kehittymistään alusta asti. Äidin vastuulle jää fyysisen kehon ruokkiminen valoenergialla, jota siis saadaan hyvin helposti erivärisistä kasvikunnan tuotteista. Lapsiveden tarkoitus on ympäröivän maailman energioihin opettelu ja totuttelu. Siksi silläkin on väliä, millaista musiikkia kuuntelee, miten kohdussa olevalle vauvalle puhuu jne. Lapsivedenkin kristallit harmonisoituvat aina kaikkea myönteistä kuullessaan tai nähdessään. Lapsi rentoutuu ja tietää tulevansa hyvään maailmaan. Sikiökin voi kärsiä stressistä jo kohdussa. Jo raskausaikana on hyvä panostaa myös positiiviseen asenteeseen ja ympäristöön. Ihmisessä itsessään on vesiolentona kristallinen olemus, joka säteilee ympärillensä värillistä valoa, jota voidaan kutsua auraksi tai energiakentäksi. Auran ns. pääväri kertoo elämäntehtävästä ja siitä, minkä chakran kautta hän pääsääntöisesti työskentelee. Jos aurassa pääväri tai jopa päävärit eivät ole puhtaita ja kirkkaita, tuolloin henkilö on eksyksissä sielunsa suunnitelmasta. Sateenkaaren väreissä punaisella värillä on vähiten energiaa ja puolestaan violetilla kaikista eniten. Auran pääväreistä voidaan päätellä, kuinka energinen ja voimakas henkilö on kysymyksessä. Myös persoonan piirteitä on mahdollista tarkastella*

110

*aurasta. Ihminen elää Maassa ja Maan tavalla, joten vaikka elämäntehtävä olisi pitkälti henkinen tai taiteellinen, hän ei pysty toteuttamaan tehtäväänsä riittävän hyvin, jos fyysisen kehon hyvinvointiin ei kiinnitetä huomiota. Sielut, jotka syntyvät ihmiskehoon, voivat tulla sekä Jumalan että Helvetin maailmoista. Siksi on tärkeää tiedostaa, kenen kanssa lapsia hankkii. Maailmankaikkeudessa on planeettoja, joita asuttaa Jumalan kansa ja on myös niitä planeettoja, joissa Helvetti on valloillaan. Maapallo ja ihmiselämä on ainoa tilanne, jossa sielu voi valita. Hyville eli Jumalan sieluille on olemassa suojelusenkelit ja oppaat, jotka ohjaavat tällä elämänpolulla omassa jumalaisessa tehtävässä. Jos Hyvä lankeaa Pahan tielle, eikä kuolemankaan jälkeen opi siitä, sielu joutuu lopulta Helvetin omaksi. Pyhän käytettävissä on karma ja se tarkoittaa sitä, että toisen henkilön sielun suunnitelmaan puuttunut henkilö laitetaan ennemmin tai myöhemmin korvaamaan tehty virheellinen teko tuolle kyseiselle henkilölle. Näin tilit tasataan ja oikeudenmukaisuus säilyy Maailmankaikkeudessa. Toisen suunnitelmaan puuttuminen tarkoittaa kaikkea väkivaltaisuutta, henkirikoksia ym., joiden seurauksena toisen omaa vahingoitetaan. Nämä ovat aina Pahojen henkien eli demonien ohjeistamia tapahtumia, ei milloinkaan Jumalan. Tämä elämä, jota nyt Maapallon kuolemishetkellä ihmiset elävät on tärkein kaikista, sillä tämän elämän perusteella päätetään, mihin sielut tämän "pelin" päätyttyä joutuvat. Uudelle planeetalle syntyy jatkossa vain ja ainoastaan Hyviä sieluja, sillä siellä ei Pahalla ole sijaa.*

Tämän hiljentävän puheen jälkeen joutsen kääntyi ja kulki kohti muita lajitovereitaan, jotka tekivät tilaa johtajalleen uida joukon läpi. Muut seurasivat tuota sanansaattajaa ja kaikki näyttivät toimivan erittäin päättäväisesti ja tietoisena siitä, mitä seuraavalla kerralla tulisi tapahtumaan. Seuraava kerta olisi seitsemäs ja viimeinen sanoma joutsenelta.

LUKU 10

Paha ei pitänyt siitä, että olin nyt todellakin kirjoittamassa ja siten myös kertomassa kaikille, mikä iljettävä elukka se oli ja mitä se aikoi tehdä ihmisrodulle – ja samalla koko Maailmankaikkeudelle. Se kehitteli minulle pienempiä ja suurempia vitsauksia ihan pelkästä ärsyttämisen ilosta. Pyöräepisodi oli viimeisimpiä. Olin jo tovin odotellut joutsenen seitsemättä ilmoitusta, mutta ainakaan toistaiseksi ei ollut kuulunut mitään.

Ensimmäiset pakkaset tulivat vasta lokakuussa. Lähdin ulos kävelylle raikkaaseen ilmaan, koska halusin happea ja samalla miettiä edellispäivien tapahtumia. Vaatetta oli ylläni ehkä hieman liian vähän, mutta silti nautin suunnattomasti kirpeän pakkaspäivän Auringosta ja viime hetken ruskan väreistä, jotka olivat pitkin syksyä hehkuneet poikkeuksellisen räväkänpunaisina ja kirkkaan kellertävinä. Tämä merkitsi sitä, että useampanakin yönä oli ollut kipakkaa pakkasta sekä yleisesti sateetonta säätä – varsin kaunista ja kohtuullista menoa siis.

Olin pari päivää aiemmin kehittänyt reseptin terveysjuomaan, joka voisi hoitaa sekä kehoa että mieltä. Valmistin sen tattarisuurimoista, kanelista, mustapippurista ja suodatetusta vedestä, joka vielä harmonisoitiin vuorikristallilla ennen juoman valmistusta. Juomassa vaikuttivat täten Pyhä Geometria ja mausteiden hyvä taika. Jo edellisiltana olin saanut tuntea ensimmäiset merkit liemen tehokkaasta vaikutuksesta. Vointini nimittäin muuttui salamannopeasti tulikuumaksi aivan kuin korkea kuume olisi ollut nousussa. Niinpä mittasin pahimman horkan ja vapinan aikaan lämpöni. Mittari näytti 36,66 astetta. Hätkähdin, 3.. 666. Mitähän minussa oli illalla tapahtunut, kun minulla ei ollutkaan kuumetta, vaikka tärisin kuin alaston pakkasessa? Poistuiko minusta kenties jotain pahaa vai tapahtuiko sittenkin muuta tarkastelemisen arvoista? En vain millään saanut sitä selville lenkin aikanakaan, vaikka kuinka yritin pohtia asiaa monesta suunnasta. Joka tapauksessa päätin tuostakin tapahtumasta kirjoittaa kirjaani pienen pätkän hapekkaan lenkkini jälkeen.

Lokakuu lähestyi loppuaan ja eräänä yönä näin jälleen unta joutsenista. Tällä kertaa en mennytkään joenrantaan, vaan minut oli tuotu suuren vaaran laelle näköalatorniin, josta näin uneni joen pitkän matkan alueelta. Usva oli hälvennyt ja Aurinko paistoi kirkkaansiniseltä taivaalta minun takaani. En kyennyt kääntymään katsomaan Aurinkoa liiallisen kirkkauden vuoksi. Selkääni poltteli, mutta onneksi vaatteet antoivat hieman suojaa. Näköalatorni oli tismalleen se sama, jossa olin myös valveunen aikaan silloin, kun Arkkienkeli Mikael tuli varoittamaan minua kadulla uhanneesta vaarasta.

Minulle oli tuotu kruunu valmiiksi, jotta sain laittaa sen jälleen päähäni sanoman ajaksi. Suuri joukko laulujoutsenia oli kokoontunut joelle aivan kuin muuttoa varten levähtämään ja ruokailemaan. Joutsenien keskeltä heidän sanansaattajansa nousi lentoon ja toi minulle suuren rullalle käärityn paperiarkin. Sen jälkeen lintu laittoi maate tornin juurelle kirkkain syksyn värein koristellulle puolukanvarpumättäälle.

*- Rakas Kuningatar. Muistanet ehkä, miten joitain aikoja sitten satuit miettimään kellotaulusi viisareiden kiertosuuntaa. Totuus on se, että kiertosuunta todellakin Maassa tulisi olla juuri toiseen suuntaan eli vastapäivään nimenomaan harmonisen elon vuoksi. Ensinnäkin tarkastellessamme aurinkokelloa, havaitsemme varjon liikkuvan myötäpäivään, mutta kun katsomme tarkemmin, niin varjo liikkuukin myötäpäivään vain Auringon näkökulmasta katsottuna. Maassa pitäisi katsoa asiaa kellotaulun taakaa ihmisen näkökulmasta. Jos katsotte kellotaulun toiselta puolelta aurinkokellon varjon kulkusuuntaa, niin se muuttuukin vastapävään kulkevaksi. Näkökulmallakin on siis väliä. Auringosta katsottuna näkee kaiken, mitä Maassa tapahtuu paitsi silloin, kun on pimeä. Silloin olemme omien selviytymiskeinojemme varassa. Siksi ihmisellä tulee olla tietoa siitä, miten elää pimeyden ja kylmyyden keskellä. Se ei ole helppoa ja vaatii suurta sisukkuutta sekä sisäistä valoa ja lämpöä. Kellonviisareiden suunnan lisäksi myös kuukauden määritelmä on epäharmoninen, sillä siinä katsotaan Kuun kiertoaikaa Maan ympäri, vaikka kuukausi tai oikeammin aukausi (Aurum, Au, kulta) tulisi laskea sen suhteen, jota Maa*

116

*kiertää ja joka antaa meille elämän. Aurinko pyörähtää itsensä ympäri 25 vuorokaudessa ja se on yksi Maan aukausi. Aukausia tulee siten vuodessa 14,6 eli 14 kokonaista aukautta. Viimeisessä vajaassa aukaudessa on 15 kokonaista vuorokautta, 5 tuntia, 48 minuuttia ja 46,08 sekuntia. Me emme, Rakas Kuningatar, ole vielä puhuneet lainkaan numerologiasta ja sen merkityksestä Maailmankaikkeudessa. Sinähän tiedätkin jo, että kaikella olevaisella on oma värähtelynsä. Näin on asianlaita myös numeroilla ja kirjaimilla eli syntymäpäivälläsi ja nimelläsi on tietty värähtely, joka vaikuttaa elämääsi aivan koko ajan. Myös Maan ihmisten elämään vaikuttavat nämä Auringon ja Maan perustietoihin liittyvät numeeriset seikat. Koska vuoden viimeinen on vajaa aukausi, sen on tarkoitettu olevan aikaa, jolloin kaikki kuluneen vuoden aikana selvittämättä jääneet asiat tulee puhdistaa ja hoitaa pois päiväjärjestyksestä. Niitä ei saisi kantaa mukanaan enää seuraavaan vuoteen. Tämä toimenpide ylläpitää Luojan suunnittelemaa hyvää ja tervettä yhteiskuntaa. 16. vuorokauden 5 tuntia, 48 minuuttia ja 46,08 sekuntia ovat muistutus henkilökohtaisesta vastuusta henkisen ja fyysisen terveyden ylläpidosta. Terveys on*

117

*myös Jumalan lupaus, kuten aiemmin olen jo kertonut. Sairaudet ovat seurausta sielun suunnitelmasta eksymisestä. Luku 48 viittaa karmaan ihmiselämässä Maassa ja se voi olla hyvää tai pahaa riippuen siitä, miten on auttanut toisia ihmisiä, ympäristöä ja eläimiä omissa suunnitelmissaan. Kuoleman jälkeenkin on olemassa vastuu, josta kertovat vuoden viimeiset minuutit ja sekunnit eli kuolemakaan ei vapauta ketään toista kohtaan tehdyistä asioista. Nyt voit, Rakas Kuningatar, avata tuomani kirjeen. Anna minun kertoa, mitä siinä näkyy ja mitä se tarkoittaa.*

Avasin valkoisen silkkinauhan, joka oli kääritty paksuhkosta harmaasta paperista valmistetun kirjerullan ympärille. Levitin eteeni suuren piirustuksen, jossa näkyi merkittäviä taivaallisia tapahtumia.

*- Muistanet, Rakas Kuningatar, että tässä samaisessa tornissa seisoit myös silloin, kun Arkkienkeli Mikael ilmoitti sinulle kadulla uhanneesta vaarasta. Piirustuksessa olevalla suurella naarasleijonalla, jolla tosin on sisällään myös miehinen puoli, on kultainen hallitsijan kruunu päässään, ja tuo Leijona olet sinä.*

*Olet saanut Arkkienkeli Mikaelilta taistelua varten miekan ja kilven, joiden avulla sinä puolustat oikeudenmukaisuutta ja totuutta. Sinä sait Luojalta Leijonan voiman ja rohkeuden tehdä tätä työtä. Olet Jumalan Leijona. Nyt asia on niin, että Saatana aikoo haastaa sinut taisteluun pirujensa kanssa tässä jokin päivä ihan päiväelämässä mutta ainoastaan hengen tasolla. Tämä taistelu käydään erään kaukana vuoristossa sijaitsevan temppelin rukoushuoneessa. Kyseinen rakennus on ollut aiemmin erittäin paljon Luojajumalaa kunnioittava, mutta on nyt tällä hetkellä oikeastaan Saatanan hirviöiden vallassa täysin. Salaisuus on tässä, että mikäli voitat tuon taistelun, Uusi Planeetta voi syntyä Maapallolle. Vanha Maa kuolee ihmisineen ja se korvautuu täysin uudella energialla. Suurikokoinen Leijona kertoo siitä, että sinulla on Luojan voimia ja olet ikään kuin tuo laajeneva Aurinko, joka tulellaan polttaa Pahan pois. Paha on oikeasti pesiytynyt myös Aurinkoomme, jota sinun tietysti tulee auttaa. Demoni on aikaansaanut haitallisten ultraviolettisäteiden kautta ihosyöpiä aikaan ihmisillä, joten tilanne on aivan todellinen. Kaikki nämä Maapallon nykyiset pahuudet ovat vinoutuneen Saatanan aikaansaannoksia. Siitä huolimatta jokaisella on olemassa ihmisarvo ja oikeus hyvään kohteluun, eikä esimerkiksi homoseksuaalisuuden kommentointi kuulu muiden kuin Saatanan oikeuksiin. Minäpä kerron vielä, miksi Paha pääsi Maassa näin paljon rehottamaan. Alunperin Luojakin on syntynyt Pimeydestä eli Kosmisesta Pahasta tai Saatanasta. Siitä kertovat myös meidän laulujoutsenten harmaanväriset poikasemme eli pienenä Jumalallakin on ollut hieman tummaa väriä niskassaan. Pahakin on alussa ollut Pyhää ja se on tarkoitettu olemaan ainoastaan opetusta varten silloin, kun ollaan harhauduttu Luojan reitiltä. Perusajatus Saatanallakaan ei siten ole Paha vaan Hyvä ja on ehdoton Luojan työparina. Atlantiksella harhautuminen Pyhän polulta johti siihen, että Saatana meni täysin sijoiltaan ja lopulta näitä hirviöitä ja pahoja vinoumia pääsi syntymään Saatanaan ja sen lisäksi ihmiskuntaan. Kosminen Paha ei saanut sen jälkeen menemään oppia perille alkuperäisen ajatuksen mukaisesti edes Helvetissä. Oppiin ei suhtauduttu enää kunnioittavasti, vaan sen katsottiin olevan pelkkää ylimielistä suunsoittoa. Tämän työn sinä teet siis myös*

120

*alkuperäisen Pyhän Perkeleen suojelemiseksi ja palauttamiseksi. Myös enkeleitä on likaantunut matkalla ja myös heidät täytyy puhdistaa. Ole tietoinen siitä, että sellaiset ihmiset, jotka käyttävät mustaa magiaa apuvälineenään, seuraavat sinua ja lopulta tulevat tahtomattasi vetämään sinut taisteluareenalle, jolla Taivasten Sota käydään. Nämä ihmiset ovat luvatta tunkeutuneet ajatuksiisi ja seuranneet jopa kotiasi noituuden avulla. Jokaisen on opittava tekojensa seuraukset ja sitä kautta ymmärtämään ihmisyyttä. Ei kukaan voi sovittaa toisen syntejä, sillä silloinhan kenenkään ei tarvitsisi oppia. Meni miten meni, se on aina oikein. Onnea matkaan, Kuningatar.*

Heräsin unesta hengästyneenä yltäpäältä hiestä märkänä. Mitä ihmettä tämä nyt tarkoitti?! Taasko joku Musta Noita seurasi minua? Minua ahdisti aivan vietävästi, mutta jo heti seuraavalla hetkellä päätin selviytyä tuosta tulevasta Taivaallisesta Sodasta vähintäänkin yhtä kunniallisesti kuin edellisestäkin kohtaamisesta Pahan kanssa. Tuli mitä tuli, se olisi aina oikein. En ollut voinut käsittääkään, että ihmiskunnan kohtalo oli näin liipasimella ollut koko ajan ja että

Jumalan oli täytynyt sen vuoksi luoda Leijonan voimalla varustettu henkilö Maahan suorittamaan Pyhää puhdistustehtävää. Peto oli tietenkin myös vaarallinen, mutta en vielä tiennyt sen todellista merkitystä. Kuivasin kostean ihoni, vaihdoin ylleni kuivan yöpaidan ja kömmin takaisin peiton alle ristiriitaisin ajatuksin. Minua paleli, eikä suinkaan pelkästään hikisyyden jäljiltä. Jatkosuunnitelma rakentuisi nyt siis tuon sotilaallisen tapahtuman varaan ja se tulisi vaikuttamaan niin Luojaan, Saatanaan, Maapalloon kuin koko ihmiskuntaankin. Mitä ihmettä lähipäivinä oikein oli tapahtumassa?

Kului päivä, toinenkin. Odottelin malttamattomana jotain merkkiä, josta olisin voinut tietää, milloin minun oli lupa astella taistelemaan Jumalan puolesta. En kyllä edes tiennyt, miten minun kuuluisi taistella. Piirustuksessa Leijonalla oli Arkkienkeli Mikaelilta saatu Miekka ja Kilpi, mutta ei minulla sellaisia välineitä mielestäni tällä hetkellä ollut käytettävissäni. Olin aivan ymmälläni siitä, miksi Saatana välttämättä nyt halusi minut tällaiseen tapahtumaan mukaan. Kun viimeisimmästä kohtaamisesta joutsenen kanssa oli

122

kulunut melkein kolme vuorokautta, jotain alkoi tapahtua.

Päivän touhuista väsyneenä rojahdin iltahämärässä valkoiselle, ajoittain nitisevälle sohvalleni lepäämään ja katsomaan tyhjänpäiväistä ohjelmaa televisiosta. En ehtinyt tuijottaa ruutua kuin muutaman minuutin, kunnes tunsin, että minua vedettiin kohti tuntematonta. Yhtäkkiä olin mielessäni oudossa tilassa, jonne oli kerääntynyt tuttuja ja tuntemattomia ihmisiä. Kaikki olivat samalla tavalla oman mielensä avulla samassa tilassa, johon minut oli nyt tahtomattani haettu.

Saapumiseni jälkeen tilanne alkoi mennä kiihtyvällä vauhdilla kohti monimutkaista taistelupeliä, josta ei ollutkaan paluuta tuosta noin vain kotisohvalle stop- tai pause-napin painalluksella. Katselin ympärilleni tarkemmin ja havaitsin, että seisoin ilmassa melkein katonrajassa kummallisen tuntuisessa huoneessa. Nyt ei oltu Suomessa tai missään muuallakaan Pohjoismaissa. Alapuolellani oli todellakin jonkinlainen rukoustila, sillä minua katseli joukko munkkeja. Mihin ihmeeseen oikein olin joutunut? Tunnelma oli sanalla sanoen ahdistava.

Tilan laitamilla näkyi kasvoja, jotka tutkivat minua ja kyseistä tilannetta, mutta en tunnistanut heitä, sillä he olivat liian kaukana minusta. Olin täysin mykistynyt, kun aloin hahmottaa minua lähestyviä henkilöitä. Mitä ihmettä?! Miksi minä näin meitä muita dyymoja AD-Planeetalta tällaisessa tilassa? Tunnistin heidät pään päällä olevasta AD-merkistä, sillä enhän heitä ollut milloinkaan aiemmin Maassa tavannutkaan! En edes ehtinyt kysyä, mitä ihmettä tämä kaikki oikein tarkoitti, kun jouduin jo vaaratilanteeseen, joka loppujen lopuksi paljastui Taivaallisen Taistelun alkukipinäksi.

Tuntematon violettihiuksinen nainen ilkeine silmineen sekä ajatuksineen yritti vieressään olevan hyvin pahapäisen oloisen ja minulle myös tuntemattoman miehen kanssa noitua minut jotenkin. Noiden kahden synkkämielisen henkilön yhteisvoimassa oli jotain todella, todella Pahaa. Tunsin voimieni heikkenevän nopeasti aivan kuin sisintäni olisi vedetty mustaan aukkoon, josta ei olisi ollut mitään paluuta. En kyennyt tekemään yhtään mitään, kunnes aivan yllättäen Arkkienkeli Mikael puuttui tilanteeseen ja heitti minulle omistamansa Totuuden Miekan ja Kilven. Otin kilvestä kiinni molemmin käsin ja suuntasin sen suoraan kohti henkisiä hyökkääjiäni. Näin, miten heidän musta ajatusenergiansa kimposi täydellä voimalla kilvestäni suoraan takaisin heihin itseensä ja nuo kaksi ilkimystä muuttuivat siinä silmänräpäyksessä jääpatsaiksi. Huomasin samalla itsekin muuttuneeni tuoksi Leijonaksi, josta joutsen oli minulle unessani kertonut.

Tuota tapahtumaa seurasi lukuisa joukko minulle ilkeilevien ihmisten hyökkäyksiä, jotka päättyivät joko jäädyttämisiin tai Leijonan voimalla Helvettiin heittämisiin. Ei mitään kivaa hommaa siis. Taistelujen myötä huomasin, että minulla oli mahdollisuus juottaa areenalle saapuville, minulle lempeämielisille henkilöille myös Totuuden juomaa tai näyttää Totuuden peiliä, joiden avulla henkilöt saivat enemmän tietoa itsestään ja synkistä puolistaan. Havaitsin pian, että olimme siis Tuomion Areenalla ja minulla oli valta lähettää ihmisten sisältä Piruja Saatanan luo. Leijona söi tai raateli kaikista kelvottomimmat tapaukset kokonaan.

Taisteluiden myötä Leijona sai itselleen enemmän voimaa ja kykeni sen avulla laajenemaan eli kasvattamaan kokoaan, aivan kuten joutsen oli unessani verrannut Leijonaa Aurinkoon. Tuntui oudolta, kun en pystynyt lainkaan kontrolloimaan tuon petoeläimen tahtoa tai tekoja. Aivan kuin sisälläni olisi ollut täysin toinen persoona – tai sitten en vain ollut koskaan ollut siitä niin tietoinen kuin tuolla näyttämöllä. Olinhan kyllä aina ollut herkkä suuttumaan epäoikeudenmukaisuuden ja Pahuuden edessä, mutta tällä kertaa Leijona toimi aivan täydessä voimassaan. Ehkäpä sillä keksimälläni terveysjuomalla oli jotain tekemistä tämän Leijonan kanssa... Tällaista taistelua oli vaikea kaikessa siinä tuskassa mieltää minkäänlaiseksi oikeudeksi, vaikka selvästi joutsen niin oli sanonut, että kaikki olisi oikein, tapahtui mitä tahansa.

Kyllä Leijona myös paransi sairaita tuolla näyttämöllä. Mieleltään järkkyneitä saapui useitakin parannettavaksi. Heidän sisältään poistui toinen toistaan karmivamman näköisiä olentoja; mustia karhuja, käärmeitä, sarvipäisiä piruja ja lentoliskoja, joita vastaan Leijona joutui taistelemaan. Pirujen poistumisen jälkeen Leijona latasi potilaisiin Luojan parantavaa Kultaista Valoa ja päästi sen jälkeen heidät takaisin palaamaan mielessään kehoonsa tuosta Helvetin esikartanosta.

Kruunupäinen ja yllättäen myös valkosiipinen Leijona halusi ehdottomasti puhua yleisölleen ja se esittikin monta merkittävää show`ta, joiden perimmäisenä tarkoituksena oli jakaa tietoa sitä tarvitseville. Kävi myös ilmi, että tapahtumissa ensimmäisenä ollut ilkeä mies, joka sittemmin jäädytettiin, olikin minun muistini varastaja sekä AD:lla asuvan aviomieheni entiteetti eli samasta sielusta luotu kuin mitä Maadokin oli. Tällä kuitenkin oli Universaalien Lakien mukaan Maassa oma tahto, eikä Maadolla siten ollut osaa eikä arpaa miehen touhuihin. Olin täysin shokissa saadessani tietooni tuon. Lisäksi kuulin myös, että koko AD oli nykyisen Pahan valtaama.

Kaiken tuskan, riitelyn ja taistelun keskellä tapahtumat saivat kuin saivatkin kauan kaivatun käänteen.

- Hei, en minä kestä tätä touhua enää. En millään saa pidettyä kurissa näitä hulluja piruja täällä, kun sinä niitä tänne Helvettiin viskot minkä kerkeät, Saatana sanoi minulle.

- No minkäs minä tälle tilanteelle mahdan. Itsehän aloitit koko touhun ja haastoit minut areenalle. Minä en voi muuta kuin toimia tehtäväni mukaisesti, ymmärrätkö, sanoin.

Kävin Saatanan kanssa pitkähkön keskustelun, jonka aikana kävi hyvin selväksi se tuska, mitä Saatana tunsi siitä, että se ei kyennyt lainkaan hallitsemaan omaa tonttiaan. Helvetissä tuntui olevan todellinen kaaos päällä. Tätä se joutsenen ilmoitus meinasi. Siis että Saatana oli mennyt täysin pilalle Atlantiksen tapahtumista alkaen. Valitettavasti vain minun muistini oli edelleen kadoksissa, joten en yhtään tiennyt, miten tämä tilanne olisi tullut ratkaista parhaalla mahdollisella tavalla. Nyt mentiin Luojan tuella täysin näissä päätöksissä.

- Minä lähden pois kokonaan Maan piiristä. Otan omani mukaan ja lupaan pysyä poissa vastedes, kunnes taas on

128

minun aikani täällä olla mukana, Saatana sanoi. En kestä sitä, että sinä minulle tänne koko ajan heittelet noita piruja riesaksi.

- Sovitaan näin, vastasin.

Ja niin Saatana kävi läpi koko Maapallon ihmisineen, eläimineen ja ympäristöineen vieden mukaansa pirulliset olennot, jotka olivat asuneet näissä elollisissa aiheuttaen heille muun muassa sairauksia, pelkoja, huonoja tapoja ja kiellettyä himoa. Melko paljon kaikenlaista, jonka me ihmiset mielsimme joko yleisesti pahaksi tai jopa rikolliseksi toiminnaksi ja joka oli ainoastaan vinoutuneesta Saatanasta ollut lähtöisin. Pyhä Saatana ei ikinä olisi tuollaista saanut aikaan! Näin vain kävi, että koska Saatanakin oli täysin hukassa oman tehtävänsä kanssa, se oli päästänyt Helvetistä eteenpäin Kaikkeuden kiertokulkuun sellaisiakin olentoja, joiden ei missään nimessä olisi ollut hyvä jatkaa eloa enää Maapallon historiassa.

Saatanan vietyä omansa pois olinkin täysin uuden asian edessä. Millä me tulisimme korvaamaan tuon menetetyn persoonan osan, sillä saatanalliset ominaisuudet olivat monelle olleet kiinteä osa päivittäistä eloa ja tulisi varmasti olemaan hyvin vaikeaa vierottua niistä. Määräsin Luojahengen hakemaan Taivaasta uudet sielun osat menetettyjen tilalle ja nuo osat tulivat korvaamaan entiset saatanalliset ominaisuudet. Luojahenki oli eri asia kuin Kaikkeuden Luojajumala. Luojahenki oli Maapallolla eräänlainen suorittava taho, joka konkreettisesti sai aikaan asioita ja hänellä oli myös ihmisen persoona. Tapahtumassa oli siis sielunvaihto, mutta koska en muistanut, en tiennyt, että tämä sen hetkinen sotaisa Luojahenki ei osannut näitä tapahtumia toteuttaa asiaan kuuluvalla taidolla. Tämä tuli ilmi ihmisten päässä kuuluneesta alituisesta negatiivisesta pälätyksestä, joka tuli todellakin siitä, kun oma saatanallinen puoli joutui Helvettiin, ja ne keskustelut kuuluivat Helvetistä. Minä puolestani kuulin päässäni kaikkien ihmisten tuskan! Olin jälleen aivan raivoissani muistini varastamisesta ja siitä, että sen tehnyt ihminen ei todellakaan tajunnut, minkälaisia vaarallisia seurauksia semmoisella touhulla oli ollut. Hänkin joutui nyt kärsimään päänsä sisällä saatanallisesta pulinasta. Ehkä tuo mies oli nyt oppinsa saanut muiden tavoin.

130

Saatanan luona kaikki käsittelivät omia syntejään ja asioita, jotka olisivat oikeasti kuuluneet kuoleman jälkeen käsiteltäväksi, mutta koska Maapallolla oli meneillään elämän ja kuoleman hetket, Saatana halusikin hoitaa asian heti jo tämän fyysisen elämän aikana. Se oli monelle aivan varmasti raskasta ja tuskallista aikaa maailmanlaajuisesti!

Yhtäkkiä sain kuitenkin ajatuksen mieleeni, että minähän pystyisin vaihtamaan Luojahenkeä! Pyysin Luojajumalalta Maapallolle uuden Luojahengen, joka osoittautui varsin näsäviisaaksi ja pisteliääksi tapaukseksi, joten teimme vielä yhden vaihdon. Tällä kertaa sainkin oman sieluni Luojahengeksi. Tuntuihan se hieman oudolta keskustella itsensä kanssa, mutta ainakin yhteistyö pelasi ja moraali sekä ymmärrys tämänkaltaisia tapahtumia kohtaan oli sama kuin itsellä. Niinpä pääsimme helposti ja nopeasti puhdistamaan vielä kertaalleen kaikkien sielut sekä Maapallon kokonaisuudessaan, AD:n ja samalla koko Maailmankaikkeuden vinoutuneen Saatanan energioista. Myös henkioppaat ja enkelit vaihdoimme, sillä ihmisten auttajina toimineista henkimaailman jäsenistä moni oli likaantunut matkan varrella. Harmonisoimme uuden sielun osan aikaisempaan hyvään persoonaan, jotta yhteensopivuus olisi paras mahdollinen ja siirtymä olisi helpompaa. Minäkin sain jälleen muistini takaisin takaraivon kohdalle, mistä se syntymässäni oli henkisellä tasolla varastettu.

Mustan Magian käyttäminen loppui tuohon Luojahengen vaihtoon, sillä en ikinä olisi suvainnut käyttää toisen tuhoksi sellaisia voimia. Ihmisen tuli jälleen olla ihminen toiselle, tavata ja jutella tälle ihan kasvotusten, eikä kytätä toisen ajatuksia ja tekemisiä telepaattisesti pelkkä itsekkyys motiivina. Samalla ihmisten pään sisältö siistiytyi ja saatanallinen keskustelu vaimeni. Ehtona pulinan vaimenemiselle oli se, että helvetillinen keskustelu tulisi uusiutumaan aina, jos ihminen palaisi takaisin huonojen tapojensa äärelle.

Joku varmaan miettii, miten minulle kävi. Minäkin puhdistuin monista minulle läheisten ihmisten minuun istuttamista piruista ja niiden haamuista. Asemani vuoksi minulla oli voimaa kestää kaikki se saatanallisuus, enkä siksi ollut päästänyt sitä omiin tapoihini osalliseksi. Niin se oli, että kaikki paha, mitä toisesta ajatteli, miten toiselle puhui tai miten toista kohteli, pystyi saamaan aikaan piruja toisessa. Moni oli yrittänyt tarkoituksella lannistaa minua erilaisilla teoilla, mutta ihmeellinen luomisvoima voitti kaiken sen pimeyden lopulta. Niin oli silloin, nyt - ja niin on myös aina oleva.

Lisäksi puhdistimme Auringon ja Saatanan olemuksen sekä poistimme tuon vinoutuman, joka oli Atlantikselta alkanut. Jos korvaasi jatkossa kuiskuttaa ääni, joka sanoo jonkin olevan väärin, niin usko sitä, sillä se on nyt puhdistuneen Pyhän Perkeleen ääni ja sitäkin olisi tarkoitus kuulla. Jos taas ilkeä piru herjaa sinua Saatanan puolelta ja se häiritsee sinua, kysy siltä suoraan, miten voisit päästä eroon ilkeistä puheista. Pääset keskustelun kautta omien entisten mustien puoliesi herraksi!

Perkele tulee siis olemaan tästä eteenpäin ainoastaan mielen tasolla, mutta varsinaisia piruja emme nyt tapaa enää Maapallolla, sillä Saatana antoi luovutusvoiton minulle ja lähti pois Maan piiristä. Kukaan ei vielä varmasti tiedä, mitä tulee tapahtumaan, sillä ajallisesti tällainen puhdistustapahtuma kuitenkin oli melkein kymmenen vuotta jäljessä suunnitellusta aikataulusta muistivarkauden vuoksi.

Nousin seuraavana aamuna sohvaltani pää pyörryksissä. Olin taisteluiden ja muiden toimien jälkeen nukahtanut sohvalleni. Televisio oli edelleen auki, mutta suljin sen, vaikka mielenkiintoisia uutisiakin olisi ollut tarjolla. Katselin ulos ikkunasta lokakuista myöhäisruskan värittämää joenrantaa ja vedessä uiskentelevia laulujoutsenia. Ne muuttaisivat pian, mutta nyt ei ollut enää pelkoa vinoutuneesta Pimeydestä. Meidän ihmisten tuli nyt ainoastaan varmistaa, että kaikki entisen Pahan rippeet hävitettäisiin Maapallolta monessakin asiassa, sillä muuten emme pääsisi kehityksessä eteenpäin. Taivaallinen tehtäväni oli nyt suoritettu, mutta maallinen työni jatkuisi ehkä vielä pitkäänkin, jos niin oli tarkoitus. Ainakin minun tuli seuraavaksi saada kirjani valmiiksi ja kertoa näistä asioista ihmisille. Työ tulisi kuitenkin jatkumaan aivan kaikilla ihmisillä, sillä nyt oli tarkoitus rakentaa Uusi Planeetta tänne Maahan. Uusi Aika.

Myöhään samana iltana menin ulos rantaan katsomaan kirkasta tähtitaivasta, joka minun silmissäni tuntui kovinkin lähentyneen viime aikoina eikä pelkästään fyysisen etäisyytensä puolesta. Sen jokainen kimmeltävä kappale tuntui kuiskaavan "Kiitos Kuningatar". Painoin pääni kunnioituksen osoituksena kaikille Universumin asukkaille kaikesta antamastaan tuesta ja avusta. Aivan kuin Kuukin olisi seikkaillut uusilla radoillaan, sillä niin erikoisia reittejä ja erikoisiin aikoihin se taivaalla näytti kulkevan. Syksyn pimeälle taivaalle piirtyi suuri kaunis joutsen aurinkotuulen maalaamana. Tunsin rinnassani Auringon sanovan "Rakastan Sinua". Kävelin ulko-ovelle ja vilkaisin vielä taivaalle, ennen kuin suljin vanhan puutalon oven perässäni ja kuiskasin: "Niin minäkin Sinua"


Rakkaudella


AD:n Kuningatar Torylla

(AD, aikadimensio)